消防職員のための
消毒・滅菌・感染症
対策マニュアル

独立行政法人国立病院機構旭川医療センター

玉川　進　編著

Disinfection
Sterilization
Infectious disease
Countermeasure manual
for Firefighters

東京法令出版

は じ め に

　平成29年7月20日、東京法令出版㈱北海道営業所の小林孝行さんと佐藤晃さんが私の勤務する病院を訪れました。雑談の中で小林さんは「ある消防から『消毒の本が欲しい』という要望があった」とおっしゃいます。「感染症が怖いのは知っているが、どんな消毒をすればよいのか分からない」、「同じ方法を漫然と行っているが耐性菌が出ないか心配」なのだそうです。私は、以前は手術室で働いていましたし、現在は検査が専門なので、その場で私が書くことを申し出て、この本の制作がスタートしました。

　この本は消防の人に読んでもらう本です。そのため日頃からたくさんの論文を発表している留萌消防組合消防本部の3人にお願いして一緒に書いてもらうことにしました。留萌消防の3人が先に原稿を書き、私が医学的に肉付けしています。感染症や消毒薬は、現場に即したもののみを取り上げ、消毒方法も一つだけ提示しています。つまり、この本を読めば迷いは消え、感染の拡大も耐性菌の出現もありません。

　本書の制作に当たっては、留萌消防組合消防本部の中路和也消防長に大変お世話になりました。また、東京法令出版㈱北海道営業所の小林孝行さんと佐藤晃さん、東京本社の浅野優香さんにもお世話になりました。この場を借りて感謝申し上げます。

平成30年5月

玉川　進

後列左から：青木信也、山内正彦、網谷早翔
前列左から：玉川　進、中路和也消防長

初版2刷発行にあたって

　新型コロナウイルス感染症。平成29年にこの本を企画した時には想像もしていなかった感染症が全世界で猛威を振るっています。執筆時点では日本は第3波の真っただ中で、感染者数は連日過去最高を記録しています。私の住む旭川でも、2つの病院で大規模クラスターが発生しました。

　これに対し、ワクチンは、イギリスでは今年12月8日から、アメリカでは12月中に接種が開始されます。日本でも来年には接種が開始されそうなので、その効果に期待しているところです。

　元々、コロナウイルスはごくありふれた風邪を引き起こすウイルスであり、若年者では症状が出ないことも多くあります。そのため、感染拡大を防ぐためには今まで以上に感染防御・消毒に気を遣う必要があります。病原体が変わろうとも、感染防御と消毒の基本は変わりません。この本で、その基本をしっかりと復習してください。

令和2年11月

玉川　進

初版3刷発行にあたって

　新型コロナウイルス感染症が世界に広まって今年で3年目になりました。執筆時点ではオミクロン株が猛烈な勢いで感染者を増やしています。他方でオミクロン株は上気道で増殖するため重症化リスクが少ないという報告があり、実際に感染者数は爆発的に増えても死亡者数は増えていません。歴史を振り返れば、1918年に発生したスペイン風邪は2年目で最大の死亡率を記録したあと、3年目に小ピークを見ただけで収束しました。新型コロナウイルス感染症もこの1年内に収束すると期待しています。

令和4年3月

玉川　進

初版4刷発行にあたって

　令和2年、3年、4年と、新型コロナウイルス感染症に世界中が振り回されました。大変な3年間でした。生き残った私たちは、正しかったこと、間違っていたことを後世に伝え、次に起こるパンデミックに備える義務があります。この本がその一助となることを期待しています。

令和5年12月

玉川　進

😈 目　　次 😈

第5章　資機材と環境の消毒

第6章　個人での感染防止策

第7章　消防組織としての感染症対策

第8章　資　料

第1章

消毒と感染制御のエッセンス

第1章は、業務に必要な消毒と感染制御の最低限度の知識をまとめました。

1　感染症対策に特殊な薬品や資機材は登場しない

　総務省消防庁からの通知によって消毒・滅菌の方針は定められているものの、消防機関の多くは「慣例的に使用している薬品を用いて」、「慣例的な手法で」作業が行われています。そのため、いざ重大な感染症患者を搬送しても、頭の片隅にあった通知を思い起こして書類を確認し、その書類片手に消毒・滅菌作業を行うことになるため、対応としては後手になってしまいます。

　しかし、通知において推奨される薬品や資機材に特殊なものは登場しません。薬品は大きく3種類に限られています。さらには手順も①汚れの除去、②清拭、③消毒・滅菌、④保管の順で共通しています。感染症ごと、資機材ごとの対応策さえ熟知していれば、ほぼ全ての感染症に対応することが可能なのです。

2　消毒のエッセンス

(1)　消毒[*1]とは

　微生物、特に感染症の元となる微生物の数を減らす処置のことです。微生物を完全に撲滅・除去することは「滅菌」といいます。

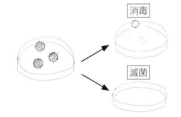

解説

＊1　消毒

　消毒や滅菌のほか、用語の意味は次のとおりである。

消　毒：物体や生体に付着したり含まれたりする病原性微生物を、死滅又は除去して害のない程度まで減らし、あるいは感染力を失わせるなどして、毒性を無力化させること。

滅　菌：対象物に付着した全ての菌を死滅・除去すること。

> 殺　菌：文字どおり「菌を殺す」こと。菌を死滅させるという意味。
>
> 除　菌：文字どおり「菌を取り除く」こと。菌を減らすという意味では消毒に似ているが、菌を殺すわけではない。
>
> 抗　菌：菌の増殖を防ぐこと。菌の付着は防げない。また、菌を減らしたり殺すわけではない。

(2)　消防でそろえるべき消毒薬は2つ

ア　アルコール

　　（アルペット®、消毒用エタノール、消毒用エタノールIP）

イ　次亜塩素酸ナトリウム

　　（ハイター®、ブリーチ、ミルトン®、ピューラックス®）

(3)　消毒の手順

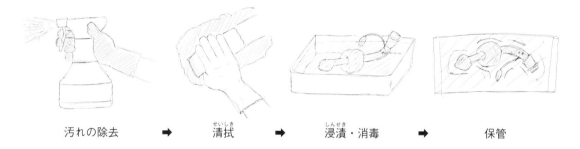

汚れの除去　➡　清拭（せいしき）　➡　浸漬・消毒（しんせき）　➡　保管

最初に汚れを除去しなければ、消毒の効果は期待できません。

(4)　消毒の必要な物・場所

粘膜及び傷のある皮膚と接触するものは消毒が必要です（特定行為による気道確保器具など）。傷があればバッグバルブマスクのマスクも対象となります。

傷のない正常な皮膚に接する物品は消毒薬又は水で拭きます（血圧計のマンシェット、酸素飽和度計のプローブなど）。

(5)　消毒薬の使い方

ア　アルコール

スプレータイプのものをそのまま吹きかけるかガーゼに含ませて使います。

イ　次亜塩素酸ナトリウム

薄めて使います。濃度は、消毒の場合0.05〜0.1％です。

㋑　ハイター®・ブリーチ・ピューラックス®（6％溶液）
　　10L（バケツ1杯）の水に100mL（ワンカップ半分）
　　で0.06％の消毒液ができます。

　　4L（水切りかご半分）の水に……
➡50mL（ハイター®・ブリーチのキャップ2杯）で
　0.08％の消毒液ができます。
➡50mL（ピューラックス®1800mLボトルのキャップ5
　杯）で0.08％の消毒液ができます。

〈必要濃度に応じた原液量の求め方〉

必要な原液量(mL)＝希釈濃度(％)÷原液濃度(％)×作成する量(mL)

(6)　環境の消毒

目に見える汚染があるときは、拭き取った後にアルコール・次亜塩素酸ナトリウムを用いて消毒します。

目に見える汚染がない場合の消毒薬の有効性を示した**データはありません**。ほこりを巻き上げないようにモップを用いた湿式清掃を行います。

3 感染制御のエッセンス

(1) 個人での感染制御

標準予防策（P. 71）に従います。

　傷病者に感染症の疑いがある場合には、防御性能の高い資機材を装備します。

(2) 感染源の管理

　傷病者：感染症の疑いの強い傷病者は、露出している部分には感染源が付着しているものとして取り扱います。

　使用済み資機材：消毒又は廃棄までは密閉します。注射針は、針先が露出しないように専用のボックスに廃棄します。

吐物・汚物：拭取り消毒をします。拭き取った汚物や布は
　　　　　　隔離します。

(3)　組織における感染制御

通報段階：感染症につながるキーワードの聴取を心掛けま
　　　　　す。

　現着隊は、状況を速やかに通信指令室に伝え、感染の危険
性を最小限にします。

　隊員が感染症にかかった場合は、適切に病休を与えて署内
や傷病者への二次感染を防ぎます（P. 86）。

第2章
消防で遭遇する感染症

　感染症とは、微生物によって引き起こされる疾患のことです。第2章では、消防で遭遇する可能性の高い感染症について解説します。

1 微生物とは

　肉眼で見えない大きさの生物を微生物といいます。一般的には真菌（かび）、細菌、ウイルスを指し、これら3つは菌体の仕組みで区別されています（**表**）。ほとんどの微生物は人体に悪影響を及ぼしません。

解説

表　微生物の比較

	真　菌	細　菌	ウイルス
大 き さ	1〜10μm程度	1μm程度	0.02〜0.25μm程度
増殖方法	分裂・出芽	分裂	他の細胞に遺伝子を注入する
核　　膜	あり	なし	なし
染色体	複数	1本	DNAもしくはRNAが裸で存在
小胞体	あり	なし	なし
ミトコンドリア	あり	なし	なし
細胞壁の成分	βグルカン	ペプチドグリカン	—

2 微生物の分類

　微生物は、消毒薬の抵抗性によって6つに分類されています。
　消毒薬は、どの微生物まで除去できるかによって分類されています。

(1)　一般細菌

　どこにでもいる雑菌のことです。ウイルスより大きく細胞壁があります。自己複製能力を持った微生物で、単純に分裂して増殖します。糖などの栄養・水・適切な環境があれば、生

きた細胞がなくても自分自身で増殖が可能です。主に水の汚染評価で使われます。

　雑菌の中には、食中毒の原因となる黄色ブドウ球菌[*1]・腸炎ビブリオ[*2]・サルモネラ[*3]や、腸管出血性大腸菌感染症[*4]の原因となる大腸菌O－157が含まれます。

一般細菌の体の仕組み

解説

＊1　黄色ブドウ球菌

　ブドウ球菌は、どこにでもいる雑菌の一種。ぶどうの房のように菌が並んでいるため、この名前が付いた。ブドウ球菌のうち、培養したときに細胞集塊が黄色く見えるものを「黄色ブドウ球菌」と呼んでいる。黄色ブドウ球菌の中には毒素を放出する種類があり、食物に毒素が付くことで食中毒が起こる。摂食後3時間程度で症状が発生する。

＊2　腸炎ビブリオ

　海水中に生存する細菌で、魚介類を生で食べることにより食中毒となる。増殖速度が速いため、短時間で食中毒を起こす菌数まで増殖する。真水で洗う、熱を加える、冷凍保存することが食中毒の予防策である。

＊3　サルモネラ

　ヒトや動物の腸管内に生息する腸内細菌の一種で、多数の種類の細菌を含んだ総称。細胞内に入り込んで増殖する。菌数が多いと食中毒を起こす。腸チフスやパラチフスもこのサルモネラに属する。

＊4　腸管出血性大腸菌感染症

　P.17を参照。

---

(2)　酵母型真菌

　丸い真菌を酵母型真菌といいます。出芽（体から芽を出す）という方法で増殖します。パンを作るときのイースト菌が代表的で、みそ、しょうゆ、日本酒、ビールの製造にも酵母が活躍しています。クリプトコッカス[*5]はハトのふんに多くいて、感染するとヒトの肺や脳で増殖し肺炎や脳炎を引き起こします。

酵母型真菌の体の仕組みと出芽の様子

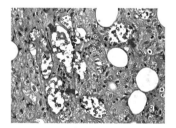

＊5　クリプトコッカス
85歳男性の頭皮に寄生したクリプトコッカス（青色の部分）

(3)　糸状真菌

　一般的に見られる青かびや黒かび、きのこがこれに当たります。菌糸[*6]を伸ばして増殖するとともに、胞子（種の一種）を飛ばすことで遠隔地に子孫を残すことができます。

糸状真菌の体の仕組みと増殖方法
胞子を作ってそれを飛ばすことで
遠くに子孫を残す。

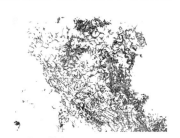

＊6　菌糸
75歳男性の肺に寄生した糸状真
菌であるアスペルギルス。糸の
ようになっている。

⑷　結核菌[*7]

　細菌の一種ですが、一般細菌より消毒薬への抵抗性が高いのが特徴です。結核菌の表面に
はミコール酸（脂質の一種）があり、これが化学物質をブロックすることで消毒薬に抵抗し
ています。

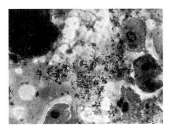

＊7　結核菌
85歳女性の肺から検出した結核
菌（赤い部分）

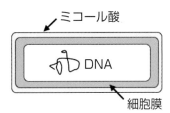

結核菌の仕組み
脂質の一種であるミコール酸が
菌の表面を取り巻いており、こ
れが消毒薬をブロックする。

⑸　ウイルス

　たんぱく質の外殻とその内部に遺伝子であるDNA（デオキシリボ核酸）かRNA（リボ核
酸）を持った微生物です。自分では遺伝子を複製できず、細胞に遺伝子を送り込むことに
よって細胞の力で遺伝子を複製し、宿主の細胞を破壊することで新たなウイルスが出現しま
す。電子顕微鏡でようやく見ることのできる大きさです。たんぱく質の外殻やその外側の膜
が消毒薬で変性すると死滅します[*8]。

ウイルスの基本的な構造

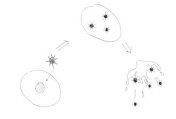

ウイルスの増殖方法
細胞に取り付いて細胞内に遺伝
子を注入→細胞が遺伝子からウ
イルスを作り出す→増えたウイ
ルスが細胞を破壊して飛び出す。

解説

＊8　死滅する

　たんぱく質の外殻のさらに外側に、脂質でできた膜（エンベロープ）を持つウイルスと持たないウイルスがいる。膜を持つものは膜がないと生きていけない。アルコールは脂質を溶かし膜を破壊するため、この膜を持つものには消毒薬（アルコール）がよく効く、というわけである。しかし、膜を持たないウイルスは、たんぱく質の外殻がアルコールに抵抗する力を持つため、消毒の効果が薄くなってしまう。膜を持たないノロウイルスとアデノウイルスがアルコールで消毒しにくいのはこのためである。

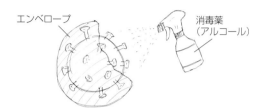

エンベロープ　　　　　　　　　　　　　消毒薬
　　　　　　　　　　　　　　　　　　　（アルコール）

膜と消毒薬の効き方
脂質でできている膜は消毒薬で
破壊されやすいため中のウイル
スも簡単に死んでしまう。

(6)　芽　胞

　ある種の細菌が、自らの生存のために作る特殊な細胞構造（カプセルとDNAなどの複合体）のことです。芽胞を作ることができる細菌が生存に危機的な環境（乾燥、熱、栄養、毒など）に置かれると、遺伝子を複製してそれを強靱なカプセルに詰め込みます。元となった細菌が環境に負けて死滅しても、強靱なカプセルに入った遺伝子は破壊されません。再び好ましい環境になるとカプセルから正常の細菌が発芽してきます。

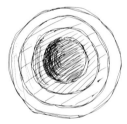

芽胞の構造
遺伝子の周りに幾重にも壁が作
られる。

　芽胞は熱、薬品、放射線に強い耐性を持っています。破傷風菌＊9、ボツリヌス菌＊10、炭疽菌＊11、納豆菌＊12など、ごく限られた細菌だけが芽胞を作ることができます。

解説

＊9　破傷風菌

　嫌気性菌（空気が嫌いな菌）。芽胞として日本全国の土の中に広く生存している。土が傷に触れたり古釘でけがをすることにより体内に入って繁殖する。猛毒である破傷風毒素を出すことで感染者を死亡させる。筆者は数例治療に当たったことがあるが、けいれんや血圧の乱高下で大変であった。幸いにも全例生存退院した。

＊10　ボツリヌス菌

　嫌気性菌。芽胞として日本全国の土の中に広く生存している。ボツリヌス毒素はヒトの致死量が0.7 μg程度とされており、自然界の毒素としては最強である（2番目は破傷風毒素）。死亡例は多い。

・乳児ボツリヌス症：1歳未満の乳児に蜂蜜を与えることで起こる。平成29年3月に日本で初めて死亡例

が報告されニュースとなった。母親たちに聞くと乳児に蜂蜜禁止は「常識」とのこと（筆者は知らなかった）。母子手帳にも書いてある。

・からし蓮根：昭和59年、熊本県の業者が作ったからし蓮根を食べて36人が中毒になり11名が死亡した。
・飯寿司（いずし）：北海道では自家製の飯寿司で死亡する例がある。

＊11　炭疽菌

皮膚と肺を冒す細菌。皮膚はかさぶた状となり、高熱が出る。肺はインフルエンザ様症状から呼吸困難になって死亡する。生物兵器として研究されていた。平成5年にオウム真理教がバイオテロを企んだが失敗。2001（平成13）年アメリカで炭疽菌事件が起き、死者を出している。

＊12　納豆菌

筆者の自宅では昔、納豆を自分の家で作っていた。稲藁（いなわら）を束にしてグツグツ煮た後にゆでた大豆を入れて24〜48時間保温するだけで納豆ができる。稲藁を煮るのは、熱で一般細菌や真菌を死滅させるためである。納豆菌の芽胞は熱に強く生き残る（幼い頃は知識がなくてなぜ藁を煮るのか理解できなかった）。

3 感染経路と予防策

感染症は、微生物が体内に侵入して発症します。侵入経路を断つことが感染症予防の第一歩です。

侵入経路は粘膜や創傷部位が多いのですが、針刺し事故や医療機器の使い回しなど、体内に挿入した器具が他人の体内に再度入ることによる体液・血液感染も原因となります。

(1) 接触感染

皮膚や粘膜の接触、医療従事者の手や医療器具、感染者周囲の物体表面を介した間接的な接触で病原体が付着して感染します。

（例）　流行性角結膜炎、性感染症、新型コロナ
（予防策）　ゴーグル・ガウンを着用する。感染者の汚物は速やかに拭き取り消毒薬をかける。傷のない皮膚ならば接触しても感染しない。

接触感染の例
流行性角結膜炎はアデノウイルスによる接触感染である。

(2) 介達感染

汚染された物体などを媒介として感染するものです。口から入るものは「経口感染」といいます。

（例）　食中毒、ジフテリア、A型肝炎、ノロウイルス感染
（予防策）　汚染物質（腐ったもの）は食べない。触らない。

介達感染の例
食中毒は、代表的な介達（経口）感染である。

(3)　飛沫感染[13]

　感染者のせきやくしゃみ、気道吸引等によって病原体を含む体液の粒子（飛沫）が飛散し、1m以内にいる他人の粘膜に付着することで感染します。

（例）　インフルエンザ、風しん、新型コロナ

（予防策）　マスクを着用する。感染者にマスクを着用させる。感染者の近くに寄らない。感染者の周辺で菌の付着している場所を消毒薬で拭く。

飛沫感染の例
流行性感冒やインフルエンザがある。

解説

[13]　飛沫感染

　飛沫感染とは、直径5μmより大きい飛沫粒子により、1m以内の範囲で感染するものを指す。直径5μmより大きい飛沫は重いのですぐ床に落ちる。感染者の近くに寄らないことが最大の感染防止法である。また、感染者の周辺を次亜塩素酸ナトリウムかアルコールで拭く。

(4)　空気感染[14]

　飛沫として空気中に飛散した病原体が、空気中で水分が蒸発すると微粒子となります。これが浮遊・移動し、人が吸引することで感染します。

（例）　麻しん、水痘、結核、新型コロナ

（予防策）　換気する。N95マスクを着用する。感染者にマスクを着用させる。

空気感染の例
目に見えない微生物が室内を漂い、それを吸い込んだ人が感染する。

解説

[14]　空気感染

　空気感染とは、直径5μm以下の飛沫核が空気中を浮遊して感染するものを指す。飛沫核は軽いので空気の流れで広く撒き散らされる。窓を開けて換気することが最大の感染防止法である。窓が開けられない場合は高性能フィルター付き空気清浄機を使用し換気する。

飛沫感染と空気感染の関係

　飛沫（病原体を含む体液）の水分が抜けると、飛沫核になって空気中を漂い続ける。インフルエンザウイルスなどは水分が抜けると死滅するが、結核菌は水分が抜けても死滅しないため感染力は高い。

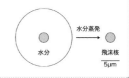

(5)　血液感染（交差感染）

　注射や輸血、歯科治療といった医療行為のほか、外傷による出血が粘膜に接触するなどして感染するものです。

（例）　HIV、B型肝炎、C型肝炎
（予防策）　針刺し事故防止を徹底する。刺してしまったとき
　　　　　は適切に対処する。

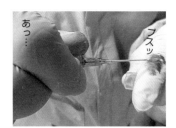

血液感染の例
注射針のリキャップは避けること。

4　消防で遭遇する主な感染症

　感染症[*15]への対応は法律で定められており[*16]、感染予防策も通知されています[*17]。ここでは消防で遭遇する可能性があり、救急・救助隊員にとっても危険な感染症を取り上げます。
　国外で致死性の高い感染症が発生しているときは、厚生労働省と総務省消防庁から通達があるので、それに従います。通常の感染症の場合、呼吸器症状が主ならば本項の(1)結核を、消化器症状が主ならば(6)ノロウイルス感染症に準じてください。
　「感染症の疑いのある傷病者を運んだかもしれない……」という心当たりのあるときは、保健所に問い合わせましょう。対処方法を詳しく教えてもらえます。

　消毒で共通するのは以下の3点です。
・　汚物は、すぐに拭き取り、拭き取ったものは密閉・焼却する。
・　汚染箇所は、アルコール又は次亜塩素酸ナトリウム[*18]で二度拭きする。
・　耐熱資機材は、100℃で15分の煮沸消毒をする。

解説

＊15　感染症
　主な感染症の種別（P.87）
　分類されているのは、行政措置を行うためである（例：1類感染症は交通制限ができるなど）。

＊16　感染症への対応
　感染症の予防及び感染症の患者に対する医療に関する法律（P.88）

＊17　感染予防策
　平成26年10月28日消防救第182号別添（P.89）

＊18　アルコール・次亜塩素酸ナトリウム
　アルコール：市販品のまま清拭又は30分浸漬する。メタノールの方がイソプロパノールより、また、液体製剤の方がジェル製剤より消毒力が高い。
　次亜塩素酸ナトリウム：0.05％～0.5％溶液で清拭又は30分間浸漬する。

(1) 結　核

　戦前まで国民病といわれる病気でした。肺に感染し、全身に移行します。せき、痰^{たん}、発熱、寝汗が主な症状で、骨や腸管などにも病巣を作ります。喀血^{かっけつ}や呼吸困難で死亡[19]に至ります。

> **解説**
>
> **＊19　死亡**
> 　結核で死亡した著名人：高杉晋作、樋口一葉、睦奥宗光、正岡子規、滝廉太郎、小村寿太郎、石川啄木、森鷗外、竹久夢二、中原中也、高村光太郎
> 　筆者も40歳の時に結核で隔離入院したことがある。39℃の高熱が初発症状であった。祖母から移ったと推測している。

ア　感染者数

　令和4年における結核の新規感染者数は1万235人で、死亡者は1,664人です。

イ　原因と感染経路

　原因は結核菌です。感染者のせき、くしゃみ、唾からの飛沫核を吸入し感染します（空気感染）。

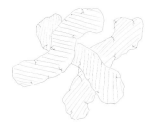

結核菌

ウ　感染者への対応

　搬送時は、感染者にサージカルマスクを着用させます。

エ　消防職員の対応

　搬送中は、**救急車の窓を開けます**。これが最も確実な感染防止法です。そして、N95マスクを着用します。

搬送中は救急車の窓を開ける。

N95マスクを着用する。

オ　汚染物の消毒

　喀痰^{かくたん}等を拭き取った紙等は、密閉したうえ焼却します。排泄物や体液の消毒には、次亜塩素酸ナトリウムやアルコールを用います。耐熱小物は煮沸消毒（100℃で15分）、衣服や

リネンは熱水消毒（80℃の熱水に10分漬け、80℃をキープ）します。

カ　結核の疑いのある患者を搬送したことが後で分かった場合

次の手順に従います。

① 傷病者が本当に結核患者だったのかを、搬送した病院等に確認する[20]。

② 結核患者だった場合、「高感染性[21]」か確認する。

③ 高感染性患者だった場合、搬送後2～3か月以降にインターフェロンγ遊離試験検査[22]（血液検査の一種）を考慮する[23]。

解説

[20]　確認

搬送先の病院若しくは所轄の保健所を通じて情報を入手する。結核を診察した医師は、所轄の保健所長を経由して都道府県知事等にその旨を届ける義務がある（P.88）。

[21]　高感染性

保健所は医師からの届出を受けると、病院に加え患者とその家族に面接して感染拡大のリスクを評価し、患者を「高感染性」と「低感染性」の2つに分類する。「高感染性」の場合は接触者（救急隊員を含む。）の結核検査を考慮する。「低感染性」の場合は、濃厚接触者など結核になりやすい人だけが結核検査の対象になり、搬送しただけの救急隊員は対象外となる。

[22]　インターフェロンγ遊離試験検査

血液を採取し、その中のリンパ球に結核菌特異抗原を与えると、結核に感染している場合はリンパ球がインターフェロンγを放出する。このインターフェロンγの量を量ることで結核に感染しているか分かる。欠点は、過去に結核にかかって現在は治っている人でも反応すること。

[23]　考慮

結核患者との接触者への結核健診のあらましは、次のとおりである。

1　健診の原則

結核患者に接触した人への結核健診は、(1)接触者を感染する危険度でグループ分けし、(2)危険度が高い順から健診を進め、(3)グループで結核患者が発見された場合のみ下位のグループも健診する。これは、いたずらに対象者を増やさないための方法である。

2　危険度分類

患者周囲の人の危険度は、結核患者との接触密度により3つに分けられる。患者と同居していた「最優先接触者」、小中学生や教師、保育士などの「優先接触者」、それ以外の「低優先接触者」である。救急隊や救助隊は短時間の接触だけなので「低優先接触者」になる。

3　患者の感染性に基づく健診の範囲

患者が高感染性であった場合は全ての接触者が健診対象になり得るが、低感染性であった場合は原則として濃厚接触者だけが健診対象となる。

1～3をまとめると**表**のようになり、「低優先接触者」である救急隊・救助隊が健診を受ける可能性は著しく低いことが分かる。インターフェロンγ遊離試験検査は搬送から2～3か月後に行うことになっているので、接触後2～3か月後に患者情報と二次感染情報を保健所から入手し（保健所にはそれらを集める義務がある。）、インターフェロンγ遊離試験検査を受けるべきかを判断する。

表　結核健診の対象

		患者の感染性	
		高感染性	低感染性
接触者の危険度	最優先接触者	○	○
	優 先 接 触 者	○	原則として×
	低優先接触者	○	原則として×

　救急隊・救助隊は低優先接触者である。

　結核健診は危険度の高いグループから行われ、そのグループで結核感染者が見つからない場合はそれ以下のグループの健診は行わない。そのため救急隊・救助隊が健診を受ける可能性は低い。

〈文献〉

『感染症法に基づく結核の接触者健康診断の手引き（改訂第5版）』（厚生労働省、2014年）

⑵　鳥インフルエンザ

　2～8日の潜伏期間の後、突然の高熱（38℃以上）、全身倦怠感、関節痛といった通常のインフルエンザと同じ症状で発症します。すぐ肺炎に移行し、呼吸不全や多臓器不全で死亡します。

ア　感染者数

　H5N1[*24]：中国、東南アジア、中東、アフリカ等で発生しており、令和5年3月までに878人が発症し、458人が死亡しています。

　H7N9[*24]：中国と台湾で発生しており、それ以外（3例）は中国から入った症例です。令和4年4月までに1,568人が発症し、616人が死亡しています。

解説

＊24　「H」と「N」

　それぞれ、インフルエンザウイルスの表面のスパイク（とげ）の性質を示したもの。Hはヘマグルチニン（血球凝集素）、Nはノライミニダーゼ（ウイルスが宿主から離脱するときに必要なたんぱく質）の略。数字は型番。

イ　原因と感染経路

　原因は鳥インフルエンザウイルス（H5N1及びH7N9）です。このウイルスに感染したニワトリ、ウズラ、アヒル、七面鳥と濃厚に接触することで感染します（飛沫感染）。ヒトからヒトへの持続感染はありません[*25]が、将来、変異株（変異遺伝子を持つ菌）の出現による大流行が懸念されています。

　なお、鳥インフルエンザウイルスを含むインフルエンザウイルス自体が消毒薬に弱いのは前述のとおりです（P.10　＊8）。

鳥インフルエンザウイルス

ウ　感染者への対応

　搬送時は、感染者にサージカルマスクを着用させます。

エ　消防職員の対応

　致死率が高いため、厳重に防御する必要があります。標準予防策に加え、N95マスク、シューズカバー、キャップを着用します。

感染症が疑われる場合の隊員の装備

オ　汚染物の消毒

　喀痰等を拭き取った紙等は、密閉したうえ焼却します。排泄物や体液の消毒には、次亜塩素酸ナトリウムやアルコールを用います。耐熱小物は煮沸消毒（100℃で15分）、衣服やリネンは熱水消毒（80℃の熱水に10分漬け、80℃をキープ）又は0.05％〜0.1％次亜塩素酸ナトリウムに30分浸漬します。

　救急車では、感染者が触れた部分をアルコールで清拭し、歩いた床は0.05％次亜塩素酸ナトリウムで消毒します。

（3）　腸管出血性大腸菌感染症

　元々は牛や豚の大腸にいる大腸菌群が原因です。4〜8日の潜伏期の後に激しい腹痛を伴う水様便が頻回に出だし、間もなく血便に移行します。数日後には、全身がむくんで顔が蒼白になります。そうなると、尿量が減り（溶血性尿毒症症候群）やがて腎不全や脳症を起こし死亡します。

ア　感染者数

　令和4年における感染者数は2,265人、これとは別に無症状保菌者数は1,118人です。夏に多く発生します。

大腸菌。Ｏ−157も普通の大腸菌も形は同じである。

イ　原因と感染経路

　原因は大腸菌Ｏ-157[*26]、Ｏ-26、Ｏ-111、Ｏ-156です。これらは外毒素であるベロ毒素[*27]を放出し、細胞のタンパク合成を阻害します。糞便からの経口感染により感染します。

> ＊27　ベロ毒素
> 　　O－157などの腸管出血性大腸菌が出す外毒素のこと。赤痢菌の志賀毒素と同じ。腸管上皮に作用し出血させ血便を起こすとともに、腎臓に作用して腎不全を、脳に作用して意識障害を引き起こす。

ウ　感染者への対応
　糞便の曝露・飛散を防止します。

エ　消防職員の対応
　手洗いと手指消毒を徹底します。わずかな菌数で発症するため、厳重に消毒しましょう。

オ　汚染物の消毒
　感染者の糞便が付着した可能性のある物（ドアノブやストレッチャー回り）・場所を消毒します。全ての消毒薬が有効です。

O－157では手洗いと手指消毒を徹底すること

(4)　肝炎ウイルス

　急性肝炎では倦怠感、吐き気、食欲不振から黄疸を発症します。一部は劇症肝炎となり死亡します。

　慢性肝炎では症状がないことが多く、血液検査で発見されます。10年以上経過すると肝硬変になり、一部は肝細胞がんとなります。

ア　感染者数
　B型肝炎：保菌者数が110〜140万人、発症者数が7万人で、死亡数が年間600人です。
　C型肝炎：保菌者数が190〜230万人、発症者数が37万人で、死亡数が年間2万5,000人です。

イ　原因と感染経路
　血液を介して感染します＊28。
　B型肝炎：B型肝炎ウイルスが原因です。昭和60年代までは母子感染＊29が多く、現在の主な感染経路は性交渉によるものです。不衛生な入れ墨・ピアスの穴あけでも感染します。

B型肝炎ウイルス

　C型肝炎：C型肝炎ウイルスが原因です。輸血の既往を持つ患者は4割ほどですが、血液製剤（フィブリノーゲンなど）については本人も知らないことがあるため実割合は不明です。不衛生な入れ墨・ピアスの穴あけでも感染します。性交渉による感染と母子感染はまれです。

C型肝炎ウイルス

解説

＊28　感染する

　B型肝炎ウイルスに成人が感染した場合は急性肝炎となるが、慢性化することはまずない。B型慢性肝炎となるのは、ほぼ母子感染に限られる。

　C型肝炎ウイルスの感染力は非常に弱いが、感染した場合は慢性肝炎→肝硬変→肝細胞がんとなる割合が高い。感染力が弱いため性交渉による感染と母子感染は、まれである。

＊29　母子感染

　出産時、母親の産道を通過するときに新生児が感染するもの。新生児は免疫系が未熟なためB型肝炎ウイルスを病原体と認識できず、自分の細胞の一部だと思ってしまう。そのため排除されることなく成人になるまで症状なく潜伏する。

ウ　感染者への対応

　出血を最小限にします。

エ　消防職員の対応

　針刺し事故防止を徹底します。感染者の血液が、自分の損傷皮膚（傷、ニキビ、湿疹）に付着するだけで感染の可能性があるので注意します。

針刺し事故防止が最大の感染予防である。

オ　汚染物の消毒

　血液が付着した場所を0.5％次亜塩素酸ナトリウムやアルコールで拭き取ります。必ず二度拭きします。

　排泄物や体液の消毒には、次亜塩素酸ナトリウムやアルコールを用います。耐熱小物は煮沸消毒（100℃で15分）、衣服やリネンは熱水消毒（80℃の熱水に10分漬け、80℃をキープ）又は0.05％～0.1％次亜塩素酸ナトリウムに30分浸漬します。

(5)　HIV（Human Immunodeficiency Virus、ヒト免疫不全ウイルス）

　HIVウイルスに感染すると2週間でインフルエンザ様の症状が出ますが、数日で治まります。AIDS[30]の症状が出てくるまで数年かかります。AIDSになると、正常人ではかからない感染症（ニューモシツチス肺炎・サイトメガロウイルス感染症）や悪性腫瘍（菌状息肉腫、中枢神経悪性リンパ腫）を発症し死亡します。現在は治療法が進歩し、AIDSにまで進展することはほとんどなくなりました。

解説

＊30　AIDS（Acquired Immunodeficiency Syndrome、後天性免疫不全症候群）

　日本では輸血製剤による感染（薬害エイズ）が問題となった。全血友病患者の4割である1,800人が感染し600人以上が死亡している。

　AIDSで死亡した著名人としては、アイザック・アシモフ（SF作家）、ピーター・アレン（シンガーソングライター）、フレディー・マーキュリー（ロックバンドQUEENのボーカル）などがいる。

ア　感染者数

令和4年の新規HIV感染者は、632人（男性609人、女性23人）、AIDS患者は252人（男性237人、女性15人）です。

イ　原因と感染経路

原因はHIVウイルスです。血液を介して感染します。最も多いのは男性の同性間性交渉で、男性患者の7割を占めます。残りは、半数が異性間性交渉、半数が感染経路不明となっています。

HIVウイルス

ウ　感染者への対応

出血を最小限にします。

エ　消防職員の対応

針刺し事故防止を徹底します。感染者の血液が、自分の損傷皮膚（傷、ニキビ、湿疹）に付着するだけで感染の可能性があるので注意します。

オ　汚染物の消毒

血液が付着した場所を0.5％次亜塩素酸ナトリウムやアルコールで拭き取ります。必ず二度拭きします。

排泄物や体液の消毒には、次亜塩素酸ナトリウムやアルコールを用います。耐熱小物は煮沸消毒（100℃で15分）、衣服やリネンは熱水消毒（80℃の熱水に10分漬け、80℃をキープ）又は0.05％～0.1％次亜塩素酸ナトリウムに30分浸漬します。

⑹　ノロウイルス感染症

1～48時間の潜伏期を経て、突然の嘔吐と腹痛、水様性下痢を発症します*31。1～2日で症状は消失します。

> **解説**
>
> ＊31　発症
> 　ノロウイルスは冬期下痢症の原因ウイルスの一つである。ほかにはロタウイルス、アデノウイルスが同様の症状・経過を示す。
> 　冬期下痢症とは、冬期に流行するためこの名がついただけで、夏にもそれらのウイルス感染症は発症するが数は少ない。

ア　感染者数

令和3年は、4,733人が感染しています。

イ　原因と感染経路

原因はノロウイルスです。吐物・糞便からの経口感染で感染します。嘔吐からの湯気（エアゾル）や、乾燥して舞い上がった吐物でも感染します。

潜伏期間が1～2日と短く感染力が強いため、集団発生

ノロウイルス

が問題となります。

ウ　感染者への対応

　　嘔吐物や糞便の飛散を最小限にします。

エ　消防職員の対応

　　手洗いと手指消毒を徹底します。吐物の湯気でも感染するため、マスクも着用します。

オ　汚染物の消毒

　　湯気や舞い上がった吐物でも感染することからマスクは必須です。吐物を除去した部分は0.1%次亜塩素酸ナトリウムやアルコールで二度拭きし、周囲の床も0.1%次亜塩素酸ナトリウムで二度拭きします。トイレの便座・ドアノブなどはアルコールで拭きますが、ノロウイルスはアルコールにやや強い（P. 10 ＊8）ので15秒後に再び拭きます。アルコールはエタノールの方がイソプロパノールより殺菌力が強いです。

　　耐熱小物は煮沸消毒（100℃で15分）、衣服やリネンは熱水消毒（80℃の熱水に10分漬け、80℃をキープ）又は0.05%〜0.1%次亜塩素酸ナトリウムに30分浸漬します。

⑺　インフルエンザ

　　インフルエンザは、若年者が感染した場合は突然の高熱から始まり、頭痛や関節の痛みを併発しますが、せき、咽頭痛、鼻水などの上気道炎症状は目立ちません。しかし、高齢者の場合は37℃程度の発熱でもインフルエンザの場合があるので注意が必要です。死亡するのは抵抗力が弱い高齢者がほとんどです。

ア　感染者数

　　例年1月下旬から2月上旬に流行のピークとなり、ピーク時は2〜4万人が感染します。

イ　原因と感染経路

　　原因はインフルエンザウイルスです。飛沫感染により感染します。ヒトに感染するインフルエンザウイルスは、M1たんぱく（構造たんぱく質）とNPたんぱく（核たんぱく質）の違いによりA型とB型に分けられています。インフルエンザウイルス自体が消毒薬に弱いのは前述のとおりです（P. 10 ＊8）。

ウ　感染者への対応

　　搬送時は、感染者にサージカルマスクを着用させます。

エ　消防職員の対応

　　飛沫感染であることから、感染者だけでなく、自らもマスクを着用します。

⑻　新型コロナウイルス感染症

　　令和元年12月に中国・武漢市で初めての患者が報告され、その後瞬く間に全世界に広がりパンデミック[*32]を引き起こした感染症です。武漢で発生してから令和5年10月までで、全世界の感染者数6億9,000万人、死亡者数690万人を記録しました。発生から現在までの致死率は1%と推定されています。

　　発生当初の武漢株では中国での死亡率が5%と報告されましたが、変異を繰り返すうちに

病原性が減少していき*33、現在では季節性インフルエンザと同等の死亡率にまで低下しました。これに伴い、発生当初の2類感染症扱いから、令和5年5月1日からは5類感染症に変更となりました（P.88）。

　現在の感染の主流となっているオミクロン株（及びそれから派生した亜種）と、それ以前の武漢株〜デルタ株では、死亡率、症状の重篤さ、感染力の強さに大きな違いがあります。感染がほぼオミクロン株に置き換わった令和4年1月1日から令和5年5月8日までの日本国内の感染者数は3,201万人。それに対して死亡者数は5,573人であり、死亡率は0.017％しかありません。さらに、この死者数の中には新型コロナウイルス感染症が直接の死因ではない例が一定数含まれているとされており、ワクチンの急速な普及も相まって、新型コロナウイルスの危険性は発生当初に比べ大きく低下しています。

　　引用文献：国立感染症研究所　https://www.niid.go.jp/niid/images/epi/PDF/covid_severe_death_2.pdf

ア　感染者数

　　令和2年1月16日から令和5年5月8日までの感染者数をグラフに示します。累計で3,374万人が感染しています。日本の人口が1億2,000万人とすると、1/4に感染が確認されたことになります。同時期の死亡者数は7万4,688人です。単純に死亡者数を感染者数で割ると、死亡率は0.2％です。

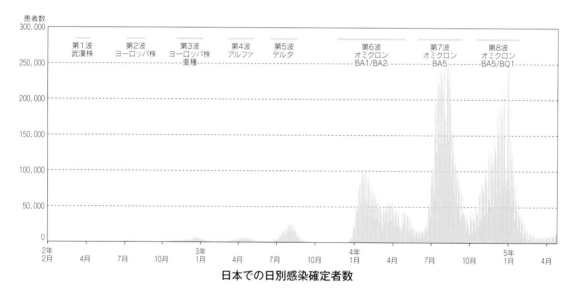

日本での日別感染確定者数

イ　原因・感染経路・潜伏期間・症状

　　新型コロナウイルスが原因です（**写真1**）。ウイルスの固有名詞はSARS-CoV-2。平成14年から平成15年まで世界で死亡者を出したSARSウイルスの近縁であることからこの名前がついています。「新型コロナウイルス感染症」という病名はCOVID-19（コビッドナインティーン）と呼びます。CO＝corona（コロナ）、VI＝virus（ウイルス）、D＝disease（病気）、19＝2019年に初めての報告があったことから名付けられました。

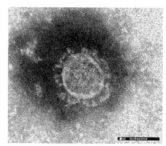

写真1　コロナウイルスの電子顕微鏡写真
特徴的なトゲが見えます。
国立感染症研究所WEBから引用

　　感染経路は接触感染・飛沫感染・空気感染です。潜伏期間はオミクロン株の場合は2～3日。他人に感染させる期間は発症前2日から発症後5日です。発症後6日目には他人に感染させる危険性がほとんどないことから、現在の出席（出勤）停止期間を5日としています（**カ**参照）。

　　オミクロン株の感染症状はせき、発熱、咽頭痛、鼻汁であり、普通の風邪と変わりはありません。デルタ株以前に特徴ある症状とされていた嗅覚障害や味覚障害が出現することはまれです。実際に患者を診察していても、オミクロン株になってからの症状は「風邪以上、インフルエンザ未満」であると感じています。流行は過去の例から冬と夏の年2回です。

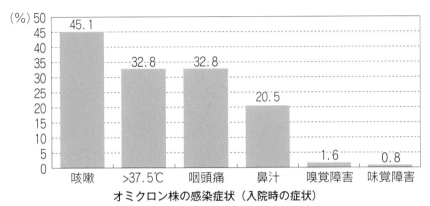

オミクロン株の感染症状（入院時の症状）

引用文献：国立感染症研究所　https://www.niid.go.jp/niid/ja/2019-ncov/2484-idsc/10941-covid19-69.html

ウ　感染者への対応

　　搬送時は、感染者にサージカルマスクを着用させます。

エ　消防職員の対応

　　現在は、全ての発熱患者は新型コロナウイルス感染者として扱う必要があります。標準予防策に加え、N95マスク、シューズカバー、キャップを着用します（**写真2**）。

オ　汚染物の消毒

　　新型コロナウイルスはどんな消毒薬でもよく効きます。

　　救急車が接触感染の原因とならないように、発熱患者を搬送した場合は積極的に消毒する必要があります。実験では、新型コロナウイルスが長く感染力を保つのはプラスチックなどのツルツルしたものの表面に付着した場合ですので、患者が触れたツルツルしている場所を重点的に消毒します（**写真3**）。

カ　感染した職員の取扱い

　　令和5年5月の感染症5類への分類変更以降は「発症した後5日を経過し、かつ解熱した後1日を経過するまで」出勤停止となりました。熱発した日を0日とします。日曜

写真2　発熱患者に対応するときの個人装備

写真3　患者が触れたツルツルしている場所を重点的に消毒

日に発熱し、水曜日に解熱すると、土曜日から出勤できることになります。

　濃厚接触者というくくりはなくなりました。同居家族が新型コロナウイルスに感染した場合の職員の出勤については、それぞれの所属で決めた扱いに従います。

引用文献：厚生労働省　https://www.mhlw.go.jp/stf/corona5rui.html

表　新型コロナ出勤停止期間早見表（感染した職員の取扱い）

		発症日	発症後							
		0日目	1日目	2日目	3日目	4日目	5日目	6日目	7日目
例1	発症後1日目に解熱	発熱	解熱	解熱後1日目	解熱後2日目	解熱後3日目	解熱後4日目	解熱後5日目	
		出勤停止	出勤停止	出勤停止	出勤停止	出勤停止	出勤停止	出勤可能	
例2	発症後2日目に解熱	発熱	発熱	解熱	解熱後1日目	解熱後2日目	解熱後3日目	解熱後4日目	
		出勤停止	出勤停止	出勤停止	出勤停止	出勤停止	出勤停止	出勤可能	
例3	発症後3日目に解熱	発熱	発熱	発熱	解熱	解熱後1日目	解熱後2日目	解熱後3日目	
		出勤停止	出勤停止	出勤停止	出勤停止	出勤停止	出勤停止	出勤可能	
例4	発症後4日目に解熱	発熱	発熱	発熱	発熱	解熱	解熱後1日目	解熱後2日目	
		出勤停止	出勤停止	出勤停止	出勤停止	出勤停止	出勤停止	出勤可能	
例5	発症後5日目に解熱	発熱	発熱	発熱	発熱	発熱	解熱	解熱後1日目	解熱後2日目
		出勤停止	出勤停止	出勤停止	出勤停止	出勤停止	出勤停止	出勤停止	出勤可能

解説

*32　パンデミック

　新型コロナウイルスについて世界保健機構WHOは、いくつかの用語でその広がりを表現していました。

・**アウトブレイク**　Outbreak--break：壊す。break out：壊して外れる＝突然起こる。感染症では「特定の集団や地域において予想外の患者数が発生すること」。院内感染などで使われます。

・**エピデミック**　Epidemic--epi：上部。demic：人口の。人口の上をいくことから感染症では「流行」。インフルエンザの流行などで使われます。

・**パンデミック**　Pandemic--Pan：全ての。demic：人口の。全人類に感染症が及ぶこと。「感染爆発」と訳されます。

*33　変異を繰り返すうちに病原性が減少

　ウイルスは突然変異を繰り返し、感染力が高まるとともに弱毒化へ向かいます。宿主を多く獲得し、宿主と共存することで自己の遺伝子情報を広く残すためです。感染力が高くなった株は既存株を駆逐します。

　新型コロナは正にこの例に当てはまります。厚生労働省のデータでそのまま計算すると、発生当初の武漢株の国内の感染者数は約1,600人、死亡者数は620人なので、致死率は39％にもなります。それがオミクロン株になると3,000万人以上が感染し致死率は0.017％になりました。過去のスペイン風邪でも2年目に最大の患者数・死亡率を記録した後3年目には小ピークを記録しパンデミックは終了しています。

第3章

消毒薬と洗浄剤

1 絶対そろえるべき消毒薬2種類

消防における車両や資機材の消毒には、**アルコール類**と**次亜塩素酸ナトリウム**で全て賄うことができます。この二つは、コストはもちろんのこと、取扱いが容易で、中水準消毒薬*1に分類されるものの抗菌スペクトラム*2が広く、消防が取り扱う感染症には十分な効果が期待できます。

解説

＊1　消毒薬の分類

強さによって3つに分類される。

分類	定　義	一般名（商品名）
高水準	大量の芽胞を除く微生物を死滅させる。	過酢酸（アセサイド®）、グルタラール（ステリハイド®）など
中水準	芽胞を除いた細菌、ほとんどのウイルスと真菌を死滅させる。	次亜塩素酸ナトリウム（ハイター®・ミルトン®・ピューラックス®）、アルコール（消毒用エタノール・アルペット®）、ポビドンヨード（イソジン®）など
低水準	ほとんどの細菌や真菌、一部のウイルスを死滅させる。ただし、結核菌と芽胞には効果がない。	塩化ベンザルコニウム（オスバン®）、クロルヘキシジン（ヒビテン®・マスキン®）など

＊2　抗菌スペクトラム

微生物の種類によって熱や消毒薬への抵抗性が異なる。ある消毒薬が持つ効果の範囲を表したものを「抗菌スペクトラム」という。

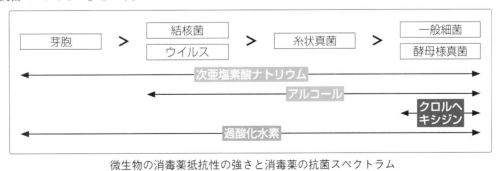

微生物の消毒薬抵抗性の強さと消毒薬の抗菌スペクトラム

(1)　アルコール類

ア　商品名

エタノール[*3]（単体）……消毒用エタノール

配合剤添加エタノール……アルペット®

イソプロパノール[*4]添加エタノール[*5]……消毒用エタノールIP、Purell®ゴージョーMHS

イソプロパノール……70％イソプロ、イソプロピルアルコール50％

塩化ベンザルコニウム添加エタノール……ウエルパス®

消毒用エタノール

アルペット®

消毒用エタノールIP

Purell®ゴージョーMHS
エタノールとイソプロパノール
が入ったゲル状手指消毒薬

イ　市場価格

500mLサイズであれば、薬局、ドラッグストア、インターネットなどで1,000円以下で購入できます。

ウ　対応微生物

結核菌・HIV・O-157・インフルエンザウイルス・新型コロナウイルス等に効果があります。ノロウイルス・ロタウイルスに対しては効果が劣るため、十分な量で二度拭きします。

解説

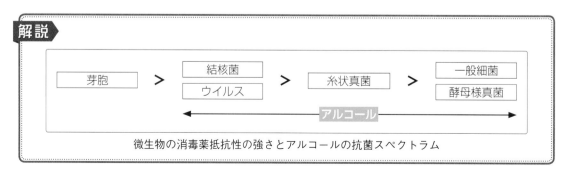

微生物の消毒薬抵抗性の強さとアルコールの抗菌スペクトラム

エ 作用する仕組み

たんぱく質を変性させて細胞膜を破壊し、菌を死滅させます。

オ 使用方法

市販品は、原液をそのまま使用します。

カ 利 点

一般細菌であれば10秒ほどで死滅させる即効性があります。すぐに蒸発するため、残留しません。芽胞以外の全ての微生物に対して有効です。軽い汚れなら除去効果も期待できます。

キ 欠 点

ノロウイルス・ロタウイルスには効果がやや劣ります。また、プラスチックとゴムを劣化させる性質があります。引火性があるので火気厳禁です。

ク 救急隊での適用

聴診器、体温計、喉頭鏡、輸液ボトルの穿刺口、三方活栓薬剤投入口の消毒に使用します。軽い汚れを落とす効果があることから、傷病者が触った部分の拭き取り・消毒にも有効です。

手指消毒薬（ウエルパス®など）は、院内感染防止に用いられます。ジェル状製剤は、液体製剤より効力が劣ります。

病院で至る所にある手指消毒薬

解説

＊3 エタノール

CH_3-CH_2-OH

＊4 イソプロパノール

$CH_3-CH_3-CH-OH$

「2-プロパノール」ともいう。エタノールに比べて脂質膜（エンベロープ）を持たないウイルス（ノロ、ポリオ、アデノ）には効果が劣る。また、人体への毒性が高い。

＊5 イソプロパノール添加エタノール

エタノールだけで十分な効果があるのに効果の劣るイソプロパノールをわざわざ混ぜるのは、酒税（正確には「特定アルコールに対する加算額」）を回避するためである。エタノール単独なら薄めて飲むことは可能だが（おいしくないので、おすすめしません。）、毒性の高いイソプロパノールを混ぜると飲むことができなくなるので酒税がかからなくなり、売値は半額になる。

(2) 次亜塩素酸ナトリウム＊6

ア 商品名

ハイター®・ブリーチ（衣料用）、キッチンハイター®・キッチンブリーチ、ミルトン®、ピューラックス®

ハイター®

ブリーチ

ミルトン®

ピューラックス®

イ　市場価格

薬局、ドラッグストア、インターネットなどで1,000円以下で購入できます。

※ハイター®・ブリーチは、非医薬品のためピューラックス®より安価で購入できます。

ウ　対応微生物

全ての微生物に効果があります。結核菌・HIV・O-157・インフルエンザウイルス・肝炎ウイルス・ノロウイルス・新型コロナウイルスの消毒によく使用されます。

解説

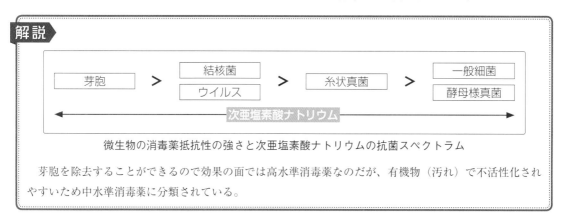

微生物の消毒薬抵抗性の強さと次亜塩素酸ナトリウムの抗菌スペクトラム

芽胞を除去することができるので効果の面では高水準消毒薬なのだが、有機物（汚れ）で不活性化されやすいため中水準消毒薬に分類されている。

エ　作用する仕組み

次亜塩素酸及び塩素が、細胞膜や細胞質中の有機物を酸化分解します。ウイルスに対しては構成たんぱく質を酸化させ不活性化します。

オ　使用方法

希釈して使用します[7]。

希釈液を作り置きすると、塩素が蒸発して徐々に濃度が低下します。このため、**使うたびに調合**します。

カ　利　点

比較的短時間で効果を発揮し、残留性がほとんどありません[8]。芽胞を含む全ての微生物に効力があります。高濃度であれば汚染血液の消毒にも使用可能です（B型肝炎やC

型肝炎など)。また、キッチンハイター®には石けん（界面活性剤）が含まれているので洗浄効果も期待できます。

キ　欠　点

汚れ（有機物）があると不活性化するため、効力が下がってしまいます。また、パルプ（紙ナプキンなど）に染み込ませると次亜塩素酸ナトリウムが分解されるので、紙以外のものを使って拭きます。金属腐食性が強いので金属製用具の消毒はできません。塩素による粘膜刺激性があるため噴霧して使うことはできません。脱色作用があります。

ク　救急隊での適用

救急資機材全般の浸漬（金属類を除く。）、救急車内の床の消毒に使用します。

解説

*6　次亜塩素酸ナトリウム

NaClO

*7　次亜塩素酸ナトリウムの希釈

表　次亜塩素酸ナトリウムの使用例

対　象	使用濃度	使用法
床上のウイルス汚染血液	0.5%	溶液を染み込ませた不織布ガーゼで拭き取る
ウイルス汚染の環境	0.05%	清拭
リネン（微生物付着時）	0.1%	30分以上浸漬
リネン	0.02%	洗浄後の最終すすぎ水で5分以上浸漬、その後水洗い
食器	0.02%	洗浄後に5分以上の浸漬
哺乳瓶・投薬容器	0.01%	洗浄後1時間浸漬

*8　次亜塩素酸ナトリウムの残留性

次亜塩素酸ナトリウム（NaClO）は、たんぱく質と反応して食塩（NaCl）になるか、そのまま塩素（Cl_2）として蒸発する。このことから食器や寝具の消毒に広く使われる。

2　あっても良い消毒薬2種類

　皮膚によく吸着することから手指消毒に使われるクロルヘキシジンと、血液融解剤として用いられるオキシドールを取り上げます。

(1)　クロルヘキシジン[*9]

ア　商品名
　　ヒビテン®、オスバン®
　　ヒビスコール®[*10]（エタノールとの合剤）

ヒビテン®

ヒビスコール®

イ　市場価格
　　ヒビテン®は、薬局、ドラッグストア、インターネットなどで2,000円以下で購入できます。

ウ　対応微生物
　　黄色ブドウ球菌、肺炎球菌、クリプトコッカス等に効果があります。

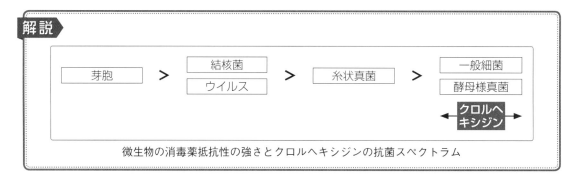

微生物の消毒薬抵抗性の強さとクロルヘキシジンの抗菌スペクトラム

エ　作用する仕組み
　　微生物の細胞質内成分を漏出させたり酵素活性を阻害したりします。

オ　使用方法
　　人体への使用が多く、用途により使用濃度が異なります。高濃度で人体に使うとショックを起こすため、希釈済み製剤が広く用いられています。

カ　利　点
　　何といっても消毒薬の中でも群を抜く安さです。また、匂いがほとんどない、材質を傷

めにくい、皮膚によく吸着し効果が持続するなどの理由から、皮膚や粘膜に対する消毒に用いられます。エタノールとの合剤であるヒビスコール®では、エタノールの持つ即効性とクロルヘキシジンの持つ持続性が期待できます。

キ　欠　点

ウイルスや芽胞には効果がありません。クロルヘキシジン単剤の希釈液を保存容器に長期に継ぎ足していると微生物汚染（主にセパシア菌）を起こすので、保存容器は2週間に1回アルコールで洗い、乾燥させることが勧められています。アルコール合剤のヒビスコール®であれば微生物汚染は起きません。

ク　救急隊での適用

手指や一般細菌[*11]を対象とした各種資機材の消毒に使用します（本書においてクロルヘキシジンを紹介するのは手指消毒のみです。）。

解説

＊9　クロルヘキシジン

$C_{22}H_{30}Cl_2N_{10}$

＊10　ヒビスコール®

写真は手洗い後の消毒にヒビスコール®を用いている様子。奥の方に置いてあるのがヒビスコール®。左が5L製剤、右の円筒は、スプレータイプのものである。

＊11　一般細菌

病院内に限れば、患者から患者への院内感染の9割は一般細菌と酵母型真菌で占められる。病院前救護での感染のデータはないが、大きな違いはないはずである。よって、抗菌スペクトラムの狭いクロルヘキシジンであっても大きな効果が期待できる。

（2）　オキシドール（過酸化水素）[*12]

ア　商品名

オキシドール（消毒薬）

チトレール（洗浄剤）

オキシドール

チトレール

イ　市場価格

　　オキシドールは、薬局、ドラッグストア、インターネットなどで1,000円以下で購入できます。

ウ　対応微生物

　　全ての微生物に効果があります。

解説

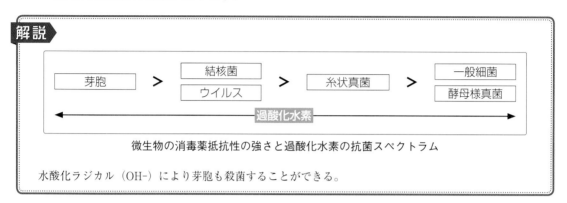

微生物の消毒薬抵抗性の強さと過酸化水素の抗菌スペクトラム

水酸化ラジカル（OH-）により芽胞も殺菌することができる。

エ　作用する仕組み

　　血液等に含まれるカタラーゼに反応し、分解して大量の酸素を発生させます。この酸素の泡で異物を除去し洗浄します。分解しない場合（カタラーゼを含まないものに用いた場合）は、水酸化ラジカルの酸化作用で広範囲の微生物を死滅させることができますが、時間がかかります（芽胞で3時間、一般細菌で5〜20分）。

オ　使用方法

　　チトレールは、洗浄剤として資機材等に付着した血液を拭き取る目的で使われます。オキシドールは、原液又は2〜3倍に希釈して創部の洗浄・消毒に用いられます。

カ　利　点

　　洗浄効果[*13]と嫌気性菌の殺菌効果が高いこと。

キ　欠　点

　　生体に用いると、すぐに発泡（＝分解）するため、消毒効果は弱い。

ク　救急隊での適用

　　汚染物質からの血液除去に使用します。

解説

[*12]　オキシドール（過酸化水素）

　　H_2O_2

[*13]　洗浄効果

　　オキシドールは殺菌に時間がかかる。傷の消毒に使う場合は洗浄を目的として使うが、創傷の治癒には消毒薬は有害で、強い痛みを引き起こすことから傷への使用は勧められない。開放創は水で洗うのが一番良い。

3 洗浄剤

　医療用の洗浄剤[*14]は血液等のたんぱく質を落とすことを目的としています。そのため、油汚れを落とすことを目的とした家庭用食器洗い洗剤とは段違いの洗浄力があります。

解説

＊14　洗浄剤の種類

　洗浄剤には酸性、中性、アルカリ性の３種類がある。洗浄力に優れたアルカリ性洗浄剤を選ぶこと。

酸性洗浄剤	無機質、さび、水あかの洗浄に適する。金属への腐食性が強く皮膚への影響が強い。
中性洗浄剤	アルカリ性洗浄剤より洗浄力が劣る。材質・皮膚への影響が少ない。
アルカリ性洗浄剤	洗浄力が優れており、たんぱく質の洗浄に適する。材質・皮膚への影響が強い。

ア　商品名

　超音波・ジェット洗浄両用洗浄剤バイオテクト®55

イ　特　徴

　たんぱく質の分解酵素であるプロテアーゼ[*15]が含まれており、界面活性剤との相乗効果で優れた洗浄力を持ちます。

ウ　使用方法

　浸漬容器に40℃程度の湯[*16]を入れ、400倍希釈[*17]になるように本剤を投入します。医療器具を10分以上浸漬し、浸漬後は十分にすすぎます。

超音波・ジェット洗浄両用洗浄剤バイオテクト®55

エ　注意点

　殺菌効果はありません。また、購入後に黄変することがありますが、効果に問題はありません。

解説

＊15　プロテアーゼ

　たんぱく質分解酵素。ほかにでんぷん分解酵素であるアミラーゼや脂肪分解酵素のリパーゼが含まれているものもある。プロテアーゼはアルカリ性を好む。これがアルカリ性洗浄剤がよく汚れを落とす一因となっている。

＊16　40℃程度のお湯

　酵素は40～50℃で最も活発になる。20℃以下では働かず、60℃以上では変性してしまう。そのため、熱めの風呂ぐらいのお湯をバケツに入れ、浸漬中はふたをして保温する。

熱めの風呂ぐらいのお湯をバケツに入れて洗浄剤を加える。

浸漬中はふたをして保温する。

＊17　400倍希釈

　汚れのひどいものは200倍希釈、汚れの軽いものは800倍希釈とする。

4　消毒のキーワード「洗浄」「濃度」「時間」「温度」

(1)　洗　浄

　どんなに強力な消毒薬であっても、汚れがあっては十分な効果が得られません。汚れ自体が消毒薬の効果を弱めるとともに、汚れに隠れている微生物を消毒できないからです。汚れている場合は必ず40℃の温水で洗浄（P.33）してから消毒します。

洗浄

(2)　濃　度

　消毒薬の濃度が高くなれば消毒の効果も高くなります。また、使用中に有機物（例：ラリンゲアルチューブに付着した痰など）によって濃度が低下していくため、ある程度の濃度を確保することが必要です。しかし、そうすると当然コストがかかります。希釈して使用する薬剤は、各製品の推奨濃度で十分な効果があるので、消防の財政のためにも、過剰な使用は控えた方がよいでしょう。また、濃度が高いと知らず知らずのうちに器具や人体に悪影響を与えてしまうことにもなりかねません。

濃度

(3)　時　間

　細菌やウイルスによって殺菌される時間が異なります。適切な時間管理のもと浸漬しましょう。

時間

(4)　温　度

　温度は、低すぎても高すぎても効果が期待できません。20℃以上での使用を心がけます。なお、次亜塩素酸ナトリウムは60℃以上の温水だと分解されます。過度に慎重になる必要はありませんが、知識として覚えておきましょう。

温度

第4章

機械を用いた消毒方法

　消防では、オゾンと紫外線による消毒もよく行われますが、実は効果が不確実（理由は後述）で推奨できません。しかし、使用されている消防本部もあることから、どのような物であるかをご紹介します。病院では、効果の確実な高圧蒸気滅菌（オートクレーブ）が行われており、その装置を所有する消防もあります。

1　オゾンガス[*1]

解説

*1　オゾン（O_3）

　酸素原子が3つ付いたもの。大気中の酸素O_2に比べて不安定で$2O_3 \rightarrow 3O_2$へ変化する。また、水と反応して$O_3 + H_2O + 2e^- \rightarrow O_2 + 2OH^-$となり水酸基$OH^-$が強力な酸化作用を示す。

　特異臭がある。電気の火花が出る時や、コピー機やプリンターが動いている時の匂いがオゾンの匂いである。

ア　発生装置

　価格は、家庭用で1万6,000円から。業務用は100万円以上のものもあります。

イ　対応微生物

　全ての微生物に効果があります。

留萌消防組合消防本部で所有するオゾン発生装置。救急車に備え付けてある。

解説

微生物の消毒薬抵抗性の強さとオゾンの抗菌スペクトラム

ウ　作用する仕組み

活性酸素が細胞膜を酸化・変性させます。また、DNA（デオキシリボ核酸）を酸化し切断（破壊）します。

エ　使用方法

オゾンの殺菌効果は「オゾン濃度×曝露時間」（＝ppm・分）で示されます。消防で使われているオゾン発生装置を救急車内で稼働させると平均オゾン濃度は4〜6ppmになります。

一般細菌は60ppm・分で死滅するので10分間、結核菌は360ppm・分で死滅するので60分間の稼働が必要となります。

オ　利　点

脱臭効果があります[*2]。0.1ppmであっても十分な脱臭効果が期待できます。

解説

＊2　オゾンの脱臭効果

従来、オゾン脱臭は悪臭物質を酸化分解するためとされてきたが、現在では嗅覚をまひさせて匂いを感じなくさせるだけという説が優勢である。実験において、オゾンが悪臭物質を酸化させるためには高濃度のオゾンに数十分曝露する必要があるのに対し、脱臭は低濃度・短時間で可能だからである。

東京や大阪などの水道局では、オゾンが殺菌・脱臭剤として使われている。夏場に臭かった水道水がオゾンにより臭くなくなったと好評である。

カ　欠　点

オゾン自体が強い毒性[*3]を持っているため、オゾン発生中は室内には入れません。また、ゴム等を強く腐食させる性質を持っています。さらに、オゾン濃度を正確に測る計器がなければ、空間で均一に広がっているか不明なため、確実な消毒効果は期待できません。こういった毒性と不確実な効果から、現在は脱臭装置として市販されている装置がほとんどです。

解説

＊3　オゾンの生体への影響

殺菌目的で5ppmの濃度を得た空間に入ると呼吸困難、肺水腫、昏睡が引き起こされる。

表　生体へのオゾンの影響

空気中の濃度（ppm）	影　響
0.01	敏感な人の嗅覚いき値
0.015	正常者の嗅覚いき値
0.1	不快、鼻・喉へ刺激
0.4	気道抵抗の上昇
0.5	明らかな上気道刺激
1	咳嗽、疲労感、頭重
5〜10	呼吸困難、肺うっ血、肺水腫、脈拍増加、体痛、まひ、昏睡
>50	生命の危機
>1,000	数分で死亡

キ　救急隊での適用

　救急車内や仮眠室の脱臭に使用します*4。前述のとおり、毒性が強いのでオゾンで殺菌しようと考えないこと。

救急車内でのオゾン発生装置の使用

> **解説**
>
> ＊4　救急隊での使用
> 　脱臭効果があるとはいえ、オゾンは低濃度でも人体に有毒である。オゾンによる脱臭は、国民生活センターからも注意喚起が出ている。脱臭をオゾンだけに頼るのは危険なので避けた方がよい。

2　紫外線*5

ア　発生装置

　スペースライザー

留萌消防組合消防本部で所有する紫外線発生装置スペースライザー

> **解説**
>
> ＊5　紫外線
> 　253.7nmの波長の紫外線が最も強い殺菌効果を持っている。殺菌用紫外線照射装置はこの周波数の紫外線を出すように設計されている。

イ　対応微生物

　全ての微生物に効果があります。

> **解説**
>
>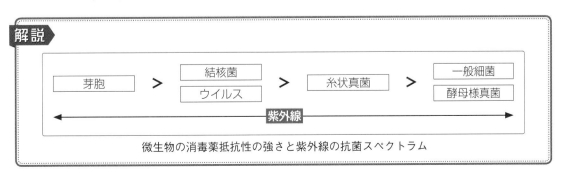
>
> 微生物の消毒薬抵抗性の強さと紫外線の抗菌スペクトラム

ウ 作用する仕組み

核酸（DNA、RNAなど）を破壊して菌を死滅させます。

エ 使用方法

紫外線の殺菌効果は「殺菌線照度×照射時間」で示されます。一般的な15ワット紫外線ランプを用いて50cm離れた位置に寒天培地を置いた場合、ブドウ球菌は60秒で、結核菌でも120秒で死滅させることができます。

オ 利点

一度機械を買ってしまえばランニングコストがほとんどかかりません[6]。大気中の浮遊細菌も殺菌でき、残留しません。

解説

＊6 低コスト

装置は、蛍光灯にタイマーが付いただけの簡単なもので、本体の寿命は長くメンテナンスフリーである。蛍光管は、蛍光物質が付着していないもので紫外線がそのまま外に出る。

蛍光灯に取り付けられたタイマー

蛍光灯に蛍光物質が付着していないため、紫外線がそのまま外に出る

カ 欠点

照射しても紫外線が当たらない場所の殺菌はできません。つまり、汚染物に隠れた微生物の殺菌はできません。また、急性の障害として急性角膜炎（雪目）[7]が、慢性の障害として皮膚がん[8]が発生する可能性があります。さらに、木材やプラスチックを劣化させる性質を持ちます。

物影となる部分（右ストレッチャーのマット部分など）の殺菌はできない。

解説

＊7 急性角膜炎

紫外線によって角膜上皮が障害を受けて脱落するもの。目玉の皮が一枚剥げるのだから痛さは想像できるだろう。ほかの症状として流涙、充血、まぶしさなどがある。「雪目」という名前は、快晴時に雪に囲まれて作業をしていると、これになることから付けられた。筆者も小学生の時に雪像を作っていて雪目になったことがある。昭和58年公開の映画『南極物語』では、高倉健氏が演ずる潮田暁が、作中で雪目になりスリットで遮光性を上げたゴーグルをかけていた。治療方法は暗所での安静。ひどい痛みには局所麻酔薬を点眼することもあるが、角膜毒性があるのであまり勧められない（が、激痛なので私はたまに処方していた）。通常24時間以内に上皮が再生して治癒する。スキーやスノーボードをするときは必ずゴーグル

をすること。

＊8　皮膚がん

　皮膚がんの多くは顔にできる。写真は頬にできた皮膚がん。

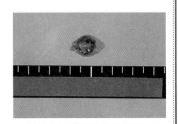

皮膚がん。70歳男性の頬にできたもの。

キ　救急隊での適用

　救急隊で使用することはありません＊9。手間がかからないので今でも用いられていますが、確実な消毒効果は期待できないと考えるべきでしょう。

解説

＊9　使用しない

　理由は、効果が不安定（置く場所で殺菌箇所が変わる）でプラスチック製資器材を劣化させるからである。紫外線は、現在では水の殺菌に広く用いられている。

３　高圧蒸気滅菌（オートクレーブ）

ア　装　置

　価格は、卓上タイプのオートクレーブで30万円から。設置型は大きさによって価格が変わります。

イ　対応微生物

　全ての微生物に効果があります。

旭川医療センターのオートクレーブ

解説

芽胞	＞	結核菌 ウイルス	＞	糸状真菌	＞	一般細菌 酵母様真菌

高圧蒸気滅菌（オートクレーブ）

微生物の消毒薬抵抗性の強さと高圧蒸気滅菌の抗菌スペクトラム

ウ　作用する仕組み

　熱によりたんぱく質が変性します。結核菌とウイルスは93℃の熱湯で死滅しますが芽胞

は生き残ってしまうため、高圧蒸気滅菌で122～134℃の熱を掛けて全ての微生物を死滅させます。

エ　使用方法

所持する機器の取扱説明書のとおりです。滅菌物の包装方法[*10]に注意しましょう。

オ　利　点

最も安全で確実な滅菌方法です。熱に耐えられるものなら布でもプラスチックでも短時間で滅菌できます。ランニングコストがあまりかかりません。

カ　欠　点

熱に耐えられるものしか滅菌できないこと。また、包装した滅菌物に期限[*11]を設定してある場合は、再滅菌が必要となります。

キ　救急隊での適用

ラリンゲアルチューブなどの再使用資器材の滅菌に使用します。

解説

＊10　包装方法

消防では、滅菌バッグに物品を入れて滅菌することがほとんどである。

注意点は次のとおり。

滅菌バッグは、被滅菌物より2～3cmの余裕がある大きさにする。

滅菌バッグが大きすぎると蒸気の入りが悪くなり、小さすぎるとバッグが割れる危険性がある。

二重にして包装する場合は、内側のバッグの1か所はシールせず開放とする。

シーラーでシールした後は接着不良がないか確かめる。シール不要のバッグもある。

＊11　期限

滅菌の有効期限は、6か月と設定するのが安全である。理論的にも実験的にもバッグの破損がなければ滅菌状態は半永久的だが、バッグは経時的に劣化すること、多くの施設で6か月と設定されていることなどから、期限の設定は6か月とすることをお勧めしたい。

第5章

資機材と環境の消毒

救急車車内や資機材の洗浄、消毒・滅菌における基本的な流れは、次のとおりです。

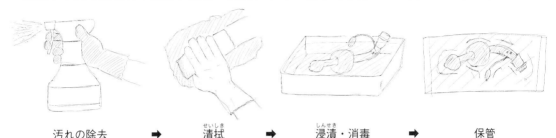

汚れの除去 ➡ 清拭(せいしき) ➡ 浸漬・消毒(しんせき) ➡ 保管

※最初に汚れを除去しなければ、消毒の効果は期待できません。

　素材の性質や使用環境で対応する消毒薬・消毒方法が決まっています。第5章では標準的な
消毒方法を紹介します。

1　バックボード（P. 42）

2　スクープストレッチャー（P. 44）

3　メインストレッチャーと防振ベッド（P. 46）

4　バッグバルブマスク（BVM）（P. 52）

5　ラリンゲアルチューブ（P. 54）

6　吸引器（P. 56）

7　ウエストポーチ（P. 58）

8　救急車車内（P. 61）

注意事項

　消毒作業を行う際は、次の事項に注意してください。

1　**必ずマスク、手袋を着用**しましょう。飛散する可能性がある作業では**ゴーグル**も着用してください。

2　**必ず厚手のゴム手袋を使用**しましょう。ディスポーザブルタイプの手袋を使用すると、汚染物に触れ
ている時に破ける危険性があります。

3　消毒作業を始める前に、各消防署で所有している資機材の取扱説明書をよく読み、**禁忌事項を確認し
て**から消毒作業を行ってください。

4　汚染物や汚れを拭き取ったガーゼ等の取扱いには十分注意してください。また、汚染物や汚れたとこ
ろに一度触れた後は、手袋を取り替える若しくは洗うなどして、**汚れた手（手袋）で消毒が済んだ場所
に触れない**よう注意してください。

1 バックボード

使用する薬品等

✓ 消毒用アルコール   ☐ 洗浄剤
☐ 次亜塩素酸ナトリウム   ✓ 血液融解剤
☐ オートクレーブ

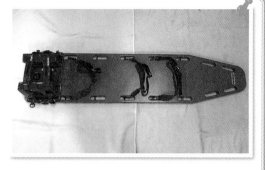

バックボードの洗浄・消毒方法を紹介します。外傷事例で使用するため、汚染頻度の高い資機材です。

(1) 汚染されやすい箇所

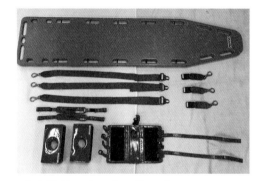

関連資機材です。使用後は全てボードから外します。

(2) 消毒方法

❶ ボードは地面に擦れることが多く、単純な泥汚れもあるため、水洗いします。

❷ 汚れが落ちにくいところは直接ガーゼで拭きます。

❸ 血液が付着しているときは、血液融解剤で拭き取ります。

❹

ヘッドベースは血液汚染が強く残ります。血液融解剤を使用し、拭き取った後にアルコール消毒を行います。アルコール消毒の前に血液融解剤をしっかり拭き取ることが大事です。

❺

ストラップは表と裏を丁寧に消毒します。マジックテープ部分も汚れるため注意します。

❻

皮膚接触部は特に丁寧に消毒します。

❼

イモビライザーもヘッドベース同様に消毒を行います。

❽

血液は染み込みやすいので丁寧に拭き取ります。

❾

拭き取った後に全体を消毒します。

Point

・ヘッドイモビライザーセットは高温滅菌できないため、基本的には消毒用アルコールを用いて消毒します。

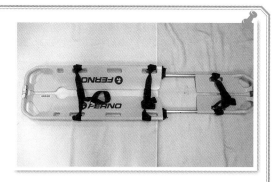

2 スクープストレッチャー

使用する薬品等

- ✓ 消毒用アルコール
- ☐ 次亜塩素酸ナトリウム
- ☐ オートクレーブ
- ☐ 洗浄剤
- ✓ 血液融解剤

スクープストレッチャーの洗浄・消毒方法を紹介します。

(1) 汚染されやすい箇所

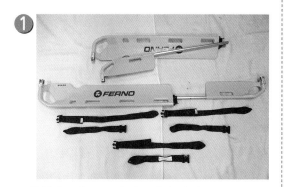

❶ 分解するとこのようになります。

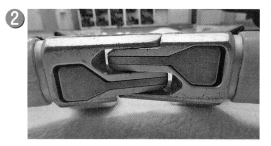

❷ ロック部分は構造が細かく、血液等の拭き取りが難しい箇所です。

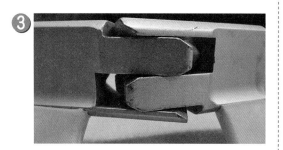

❸ 内側と外側を丁寧に確認します。

❹ 長さ調節レバーも小さい部品のため、汚れが入ると清掃が困難となります。

(2) 消毒方法

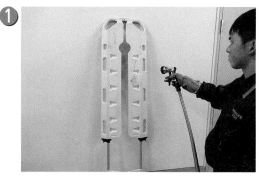

❶ 大きく汚れている場合は、まず水洗いをします。

❷ 汚染物の付着があれば、ガーゼ等を使用して拭き取ります。

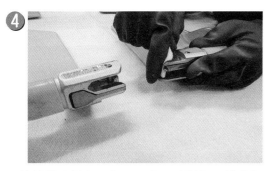

❸ 傷病者接触面はアルコール消毒を行います。

❹ 接続部は細かいところまで確認し、消毒します。

❺ フレーム部分も同様にアルコール消毒をします。

❻ 血液は染み込みやすいので丁寧に拭き取ります。

❼ 血液を拭き取った後、アルコール消毒をします。

Point

・ロック部分等、潤滑が悪くなる箇所があります。洗浄や消毒だけではなく、点検や注油等も定期的に行いましょう。

3 メインストレッチャーと防振ベッド

使用する薬品等
- ✓ 消毒用アルコール
- 次亜塩素酸ナトリウム
- オートクレーブ
- 洗浄剤
- ✓ 血液融解剤

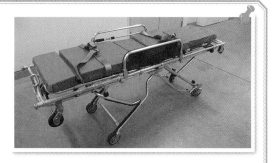

メインストレッチャーの洗浄・消毒方法を紹介します。

(1) 汚染されやすい箇所

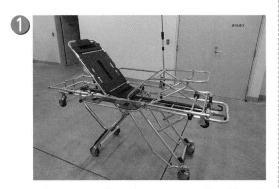

まず、マット等の外せるものは全て外します。

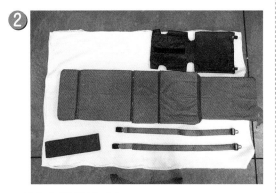

外した資機材です。

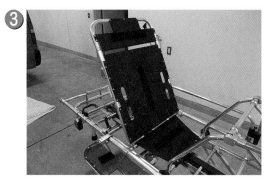

背もたれは起こします。頭部周辺は特に汚染されやすくなっています。

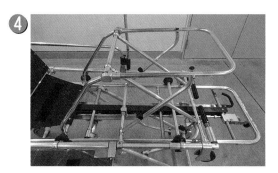

フットレストを持ち上げます。足側は泥汚れや失禁などで汚染されます。

操作ハンドルです。汚染された手袋で触れ

やすい部分です。

　サイドアームです。ここは、血液等が入ると細かい清掃が必要になります。

トランスポーター

ストレッチャー

　ストレッチャーを使用したときは、トランスポーターと分けて清掃します。

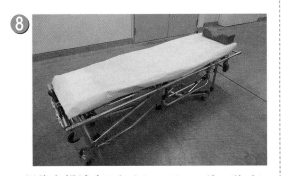

　汚染を軽減するために、ディスポーザブルシーツを活用すると消毒作業が容易になります。

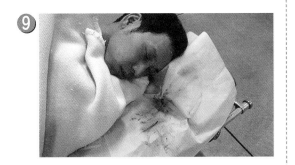

　ディスポーザブルシーツは、嘔吐や血液か

らストレッチャーの汚染を防ぐことができます。

⑵　消毒方法

ア　メインストレッチャー

　外した各資機材の消毒方法を紹介します。

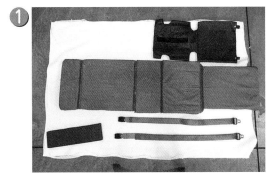

　車輪は、シャワーで水を掛けて洗います。高圧洗浄機は使用しません（P.51）。

　抗菌マットです。血液が付着していないときは水洗いします。

血液が付着しているときは、血液融解剤を使用して取り除き、アルコール消毒をします。

血液は細かいところまで入り込むので、しっかり確認し拭き取ります。

フットレストカバーは抗菌マットの下に隠れているため、ひどい汚れがないときは、アルコール消毒を行います。

サイドアームマットも外傷等で汚染されや

すいところです。血液の処理をしてから、アルコール消毒をします。

ロックピン付近は、思いのほか血液や吐物が付着していることがあるので注意しましょう。

サイドアームを動かしながら拭くと隙間の汚れが取れます。

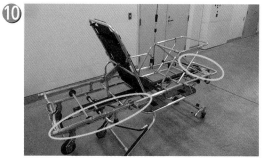

操作部分とフレームの消毒方法を紹介します。

リリースハンドルは、毎回必ず握る部分なので、忘れずに消毒しましょう。

ストレッチャーを離脱した際は、このレバーも消毒します。

フレームも必ず確認して消毒します。

このように血液が付着していれば取り除きます。

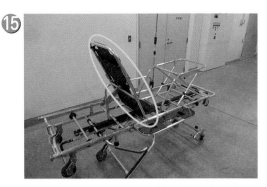

次はバックレストです。特に注意する箇所はリリースレバーとロックレバーです。

リリースレバーは傷病者の頭部付近にあるため、吐物等で汚染されやすいところです。

ロックレバーは隙間が多く、細かいところまで汚れが入り込みやすいため注意します。

次はフットレスト周辺です。

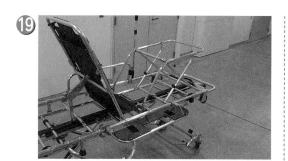

フットレストのフレームは消毒だけで問題ありませんが、失禁汚物が付着している場合があるため注意します。

ロックレバー付近も傷病者の腕が近く、血液で汚染されることが多いため注意します。

血液除去後は、アルコール消毒をします。

点滴棒は、心肺停止傷病者や重度傷病者で使用するため、必ず確認します。

触れた部分は全てアルコール消毒をします。

血液はベルトに付着すると繊維に入り込み、取り除きにくくなるので、ぬるま湯で温めながら除去します。

バックル部分も同様に消毒します。

イ　防振ベッド

防振ベッドは、ストレッチャーに気を取られて意外と汚れを残しやすい箇所のため注意します。

❷

ヘッドレストは、頭部付近にあるため外傷
による血液付着が多くなります。

❸

防振ベッドの側面も意外と汚れやすいの
で、必ずベッドをずらして消毒します。

❹

スイッチ部分は、アルコールを湿らせた
ガーゼで拭き取ります。

❺

固定用レバーも必ず触れる部分なので消毒
します。

❻

ロックピンも消毒します。

❼

ガイドのレバーも消毒します。

❽

ベッドをずらす操作をした場合、操作レ
バーも消毒します。レバーは見落としやすい
ため注意します。

Point

・次亜塩素酸ナトリウム、フェノール樹脂、ヨ
ウ素等の消毒剤の使用は本器に損傷を与え
る可能性があるので絶対に使用しないこと。
・高圧洗浄機を使用すると、接合部に侵入し
て潤滑油等を洗い流してしまい、腐食の原
因となるので絶対に使用しないこと。
・洗浄や消毒だけではなく、点検や注油等も
定期的に行いましょう。

4 バッグバルブマスク（BVM）

使用する薬品等

- ✓ 消毒用アルコール
- ✓ 次亜塩素酸ナトリウム
- □ オートクレーブ
- ✓ 洗浄剤
- □ 血液融解剤

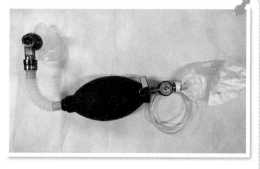

BVMの洗浄・消毒方法を紹介します。

（1）　汚染されやすい箇所

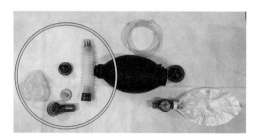

　丸印の部分が、体液・吐物等が付着している可能性が高い部品です。

（2）　消毒方法

❶

取扱説明書に従って解体します。

❷

解体後、目立つ汚れを拭き取ります。

❸

　分解した部品の細かいところまで確認し、拭き取ります。想定外の場所にも汚物が入り込んでいるため注意します。

❹

　目立つ汚れを落としたら、洗浄剤に浸漬して各部品全体に洗浄剤をなじませ、細かいところまでしっかり汚れを落とします。

❺

　全ての部品に対して洗浄を行い、流水で

しっかりすすぎます。

続いて消毒作業をします。

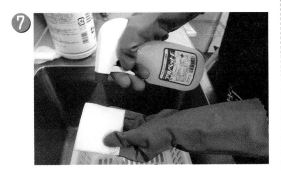

ゴム製の部品は、アルコールをガーゼに吹きかけて拭きます。

マスクは裏側も丁寧に消毒します。傷病者に触れるデリケートな部分のため注意します。

拭き残しのないよう丁寧に拭きます。

　次亜塩素酸ナトリウムに30分間浸漬します。水切りかごの場合はかご半分の水（4L）に対して、ピューラックス®であればキャップ10杯、ハイター®・ブリーチであればキャップ2杯を入れます。

　台所用のハイター®・ブリーチを使用した場合は、流水で軽くすすぎます。衣料用のハイター®・ブリーチ又はピューラックス®を使用した場合は、すすぎは不要です。最後に十分乾燥させて完了です。

Point

・ゴム製部品は極力アルコール消毒を行い、劣化を防ぎます。ただし、マスク部分などの汚れが強い場合や感染症の種類によっては次亜塩素酸ナトリウムへの浸漬が必要となります。

・BVMはメーカーによってタイプが異なるため、取扱説明書をしっかり確認しましょう。

・ピューラックス®のキャップ1杯は約10mlです。ピューラックス®は次亜塩素酸ナトリウムの濃度が6％の溶液なので、1Lの湯にキャップ1杯で0.06％と浸漬に適した濃度になります。

5 ラリンゲアルチューブ

使用する薬品等

☐ 消毒用アルコール　☑ 洗浄剤
☑ 次亜塩素酸ナトリウム　☐ 血液融解剤
☑ オートクレーブ

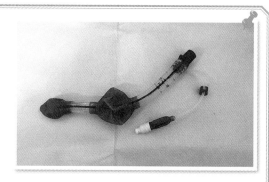

ラリンゲアルチューブの洗浄・消毒方法を紹介します。

⑴　汚染されやすい箇所

　丸印の部分が体液・吐物等が付着している可能性が高い部分です。

⑵　消毒方法

❶

　使用後に長時間放置すると汚染が取れにくくなり、消毒効果が薄くなります。

❷

　軽く洗った後、洗浄剤の溶液に10分以上浸漬します。保温のため蓋をします。

❸
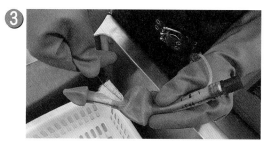

　目立つ汚れをこすり取ります。

❹
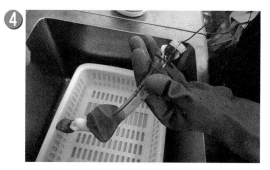

　部品の細かいところまで確認して拭き取ります。想定外の場所にも入り込んでいるため注意します。

目立つ汚れを落としたら、洗浄剤に浸漬して全体に洗浄剤をなじませ、細かいところまでしっかり汚れを落とします。

全ての部品を洗浄します。

洗浄後は十分に水ですすぎます。脱イオン水（純水）ですすぐとより効果的です。

次亜塩素酸ナトリウムに30分間浸漬します。水切りかごの場合はかご半分の水（4L）に対して、ピューラックス®であればキャップ10杯、ハイター®・ブリーチであればキャップ2杯を入れます。

台所用のハイター®・ブリーチを使用した場合は、流水で軽くすすぎます。衣料用のハイター®・ブリーチ又はピューラックス®を使用した場合は、すすぎは不要です。最後に十分に乾燥させます。

一方向弁（シリンジで空気を入れる口のこと）にバルブオープナーを取り付けて滅菌バッグに入れ、オートクレーブで滅菌処理をします。

Point

- シリンジは再使用不可です（メーカー取扱説明書より）。
- すぐにオートクレーブで滅菌処理をする場合は、次亜塩素酸ナトリウムの浸漬は不要です。
- オートクレーブを使用する際は134℃を超えないこと。
- ディスポーザブル（使い捨て）タイプのラリンゲアルチューブは再使用不可のため、洗浄や消毒の必要はありません。適切に廃棄しましょう。

6 吸引器

使用する薬品等

✓ 消毒用アルコール　　✓ 洗浄剤
✓ 次亜塩素酸ナトリウム　□ 血液融解剤
□ オートクレーブ

携帯型吸引器の洗浄・消毒方法を紹介します。パワーミニックという製品を使用して説明しています。

(1) 消毒方法

❶

カテーテルホルダを使用した場合は洗浄します。

❷

部品を分解する前に、水を吸引しホース内の詰まりや汚れを取り除きます。

❸

部品を分解します。この段階ではまだ汚染

が強いので、取扱いには十分注意します。

❹　汚水用の流し➡

◀普通の流し

まずは、吸引瓶の中身を汚水用の流しに捨てます。二次汚染の可能性があるため、洗面台の排水に捨ててはいけません。

❺

瓶の中を水ですすぎます。排水は汚水用の流しに捨てます。

❻

フィルターは再使用不可です。詰まりがあ

れば交換します。

洗浄剤を使用し、各部を洗浄します。

しっかりすすぎます。

ゴムホースは洗浄後、外側をアルコール消毒します。

ゴムホースを除く部品を次亜塩素酸ナトリウムに30分間浸漬します。水切りかごの場合

はかご半分の水（4 L）に対して、ピューラックス®であればキャップ10杯、ハイター®・ブリーチであればキャップ2杯を入れます。

　台所用のハイター®・ブリーチを使用した場合は、流水で軽くすすぎます。衣料用のハイター®・ブリーチ又はピューラックス®を使用した場合は、すすぎは不要です。最後に浸漬した部品は乾燥させます。

　本体も汚れを除去後、アルコールで拭き取ります。

Point

・食器用洗剤ではたんぱく質や血液が落ちにくいので洗浄は専用の洗浄剤を使いましょう。
・吸引用水やすすぎには精製水又は滅菌水を使用しましょう。
・吸引器は吐物を取り扱うため、状況に応じて次亜塩素酸ナトリウムを使って消毒します。
・車載定置型吸引器も同様の消毒方法です。

7 ウエストポーチ

使用する薬品等
- ✓ 消毒用アルコール
- ☐ 次亜塩素酸ナトリウム
- ☐ オートクレーブ
- ☐ 洗浄剤
- ✓ 血液融解剤

　救急隊員が所持するウエストポーチに収められている小物は、使用頻度が高いため汚物が付着する機会も多くなります。ここでは、小さい資機材の消毒方法を紹介します。

(1)　消毒方法

ア　SpO₂センサー

　SpO₂センサーは現場到着後、直ちに使用するため、使用頻度が高い物です。

　SpO₂センサーを分解後、本体はアルコールで湿らせたガーゼを使用して全体を拭き取ります。

　外側のラバーは汚れの強さに応じて洗浄し、アルコール消毒します。

　傷病者の指は汚れていることが多いので、プローブの清掃と消毒は丁寧にしましょう。

イ　血圧計

　血圧計本体は、送気球を中心に拭き取りをします。水が入らないよう注意しましょう。

　マンシェットもアルコールで拭き取ることができます。アルコールは直接吹きかけずにガーゼに染み込ませて拭き取ります。

　エアチューブの外側も汚れが付きやすいので注意します。

ウ　体温計

　体温計は病院でも酒精綿等で使用後に必ず拭いています。ケースに戻す前に必ず消毒します。

　感温部が一番不衛生となっているため、酒精綿等で念入りに拭き取ります。

　収納ケースもアルコールで拭きます。

　表面体温計や鼓膜体温計は外装をアルコールで拭きます。

エ　検眼ライト

外装を消毒します。

オ　ウエストポーチ

❶ ウエストポーチ本体です。目に見える汚れは水洗いします。汚れが血液の場合は、血液融解剤を使用します。

❷ ベルト部分も同様に拭きます。

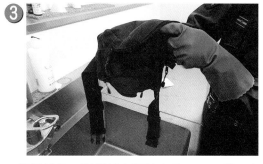

❸ 使用済みの資機材を収納するので、ポーチ

の内側の方が汚染されていることがよくあります。水洗い後、アルコール消毒をします。

> ## Point
>
> ・ウエストポーチ本体やバッグ類は洗浄で取りきれない汚れがあります。クリーニングに出す、予備と入れ替える、時間をかけて清掃するなどの対処をしましょう。
> ・マンシェットの外布を外せる場合は外して洗浄及び消毒を行います。
> ・個人で所有している資機材があれば、取扱いには十分注意します。聴診器や検眼ライト、はさみは特に所有率が高いため、個人で責任をもって清掃し管理しましょう。

8 救急車車内

　予備資機材と入れ替えるだけでいい救急資機材と違い、連続での救急出動や帰署後も清掃する時間がないまま次の出動があったりと、救急車車内の消毒は短時間かつ効率の良いものでなければなりません。ここでは、車内での消毒方法、特に限られた時間で行う方法を中心に紹介します。ポイントを押さえて清掃し、清潔感を保って救急出動できるように心掛けましょう。

(1) 汚染されやすい箇所

　救急車車内の清掃・消毒をするに当たり、まずは血液や吐物・体液の付着しやすい箇所、隊員の汚染された手袋でつい触ってしまいやすい箇所を整理しましょう。

ア　運転室周辺

　意外と見逃しやすい箇所が、外側のドアノブと内側の取っ手です。乗降の時に必ず触り、緊急性の高い現場から離脱した後は、手袋を交換せず乗り込むこともあると思います。

　運転席側では、ハンドルやシフトレバー、モーターサイレンスイッチなどが汚染された手袋で触りやすいところです。

　特に触りやすい箇所として、各サイレンスイッチ、車内照明スイッチ、無線受話器及びハンドマイクは要注意です。

イ　傷病者室内

　傷病者室内は、各収納の取っ手に汚染された手袋で触れる可能性が高いため注意しましょう。

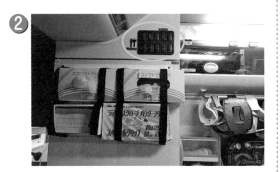

　触れる頻度は少ないですが、車内スイッチは触れたら必ず覚えておきます。

　無線機受話器がある場合は、とっさに応答する場合もあり、触れる可能性が高いため注意しましょう。

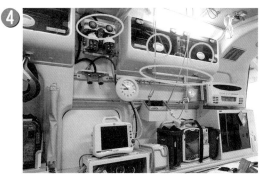

　酸素レギュレーターも操作機会が多く、汚れが付着しやすい箇所です。

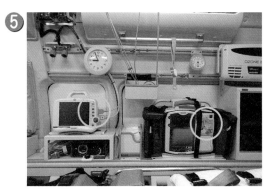

　モニター類は、操作機会が多い割に汚れが視認しにくい部分なので要注意です。

　空気清浄機のスイッチと棚のガラス戸は触れる頻度は少ないですが、触れたら必ず覚えておきます。

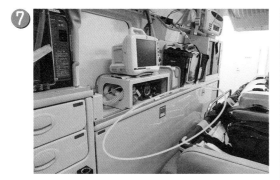

担架収納スペースです。体液系以外にも泥汚れなどが付着しやすいので注意しましょう。

クリア素材は、光に当てないと汚れに気付かないことが多いため、触れたら覚えておきます。

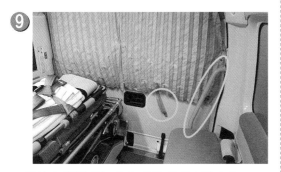

家族や関係者による応急手当が施されていた事例の場合、手すりなどは乗降時に汚れが付着するため確認しましょう。

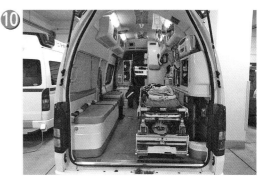

メインストレッチャーの消毒はP. 46を参照してください。防振ベッドも汚れが付きやすいので注意しましょう。

バックドアも隊員が閉めるときに必ず触れます。

⑵　消毒方法

　　車内には、消毒用アルコール、血液融解剤、手指消毒薬をコンパクトな容器に入れて常時積載しておきます。ただし、次亜塩素酸ナトリウムは、常時積載しません。次亜塩素酸ナトリウムを使って短時間で消毒しようとすると、塩素の蒸発が不十分になりがちで、消毒薬に素手で触れると皮膚炎を起こす可能性があるからです。また、積載するために次亜塩素酸ナトリウムの希釈液を作り置きすると、塩素が蒸発して徐々に濃度が低下するため、十分な効果が得られません。

　　次亜塩素酸ナトリウムを使った消毒が必要な場合は、常時積載せずに帰署してから希釈液を作ってしっかり消毒します。

ア　運転室周辺

使用する薬品等
- ✓ 消毒用アルコール　　☐ 洗浄剤
- ☐ 次亜塩素酸ナトリウム　✓ 血液融解剤
- ☐ オートクレーブ

　　ガーゼにアルコールを染み込ませて拭きます。汚れがひどいときは二度拭きします。血液が付着している場合は、血液融解剤を使用します。

　　内取っ手は消毒を忘れやすいので注意しましょう。

　　電気系統部分を拭くときは、消毒薬などの液体が入り込まないよう注意しましょう。

ハンドルやシフトレバーは汚れが視認しにくいので、手が汚染された人が触ったかどうか覚えておきましょう。

ハンドマイクもアルコールで拭きます。

イ　傷病者室資機材、収納スペース

使用する薬品等

✓ 消毒用アルコール　　　□ 洗浄剤
✓ 次亜塩素酸ナトリウム　✓ 血液融解剤
□ オートクレーブ

傷病者室の収納や資機材も基本的には消毒用アルコールで拭き取ります。吐物や血液等がある場合は血液融解剤や次亜塩素酸ナトリウムを使用します。

各収納の取っ手など、自ら触れたところは記憶しておいて拭き取ります。

無線機も触れる頻度の高い資機材です。帰署後、素手で触れる可能性も高いのでしっかり消毒します。

酸素ボンベのバルブもとっさに触れやすい資機材ですが、陰に隠れて忘れやすいので、必ず確認します。

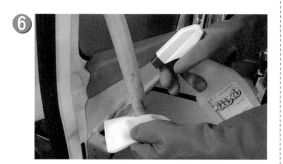

血液が付着していた場合、血液融解剤を活用して血液を除去した後、消毒用アルコールで消毒します。手すりは関係者も触れるため注意が必要で、帰署後の清掃も大切です。

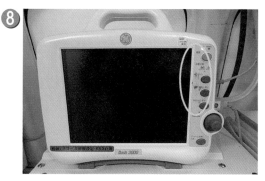

車載モニターです。傷病者搬送後、このように血液等が付着している場面を一度は目にしたことがあると思います。

まずは、血液等の目に見える汚れを取り除きます。ボタンの隙間に汚れが入り込んでいる場合もあります。

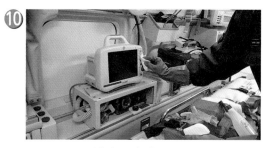

アルコールで消毒します。

心電図は、衣服の中にラインが入るため、体液が付着している場合があります。

SpO₂プローブです。指に付いた血液や吐物が付着しやすいため、使用後はまず外側の汚れを取り除き、消毒します。

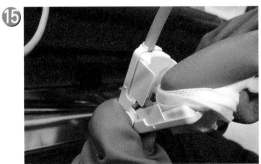

実際に指が触れる部分は、小さな隙間が多く血液等が入り込みやすくなっています。中の状態を確認し、確実に消毒します。

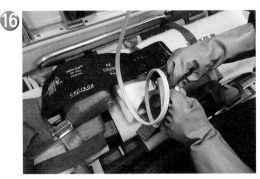

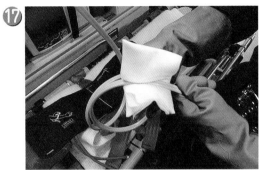

マンシェットは、まず、エアチューブを離脱させます。チューブは衣服等に付着した汚れが付きやすいところのため、注意します。

傷病者に触れる面を重点的に消毒します。裏側の触れない面のみを消毒してしまうこともあるので、消毒が必要な面をきちんと確認します。

ウ 床等

使用する薬品等

- ☑ 消毒用アルコール
- ☑ 次亜塩素酸ナトリウム
- ☐ オートクレーブ
- ☐ 洗浄剤
- ☑ 血液融解剤

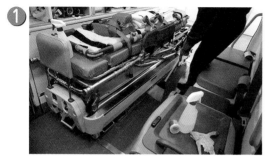

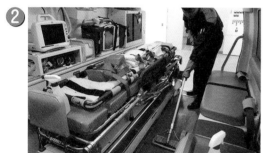

床の清掃は、まず、泥や砂などが溜まっていることがあるので掃きます。濡れている場合は、汚れ落とし用のモップを活用します。

防振ベッドを移動し、裏側も同じく清掃し

ます。ごみが落ちていることが多いので確認しましょう。

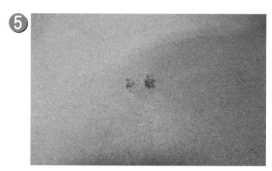

血液を発見した場合、まず血液融解剤で血液を除去します。

金属の隙間に血液が流れていることもあります。そのときは、血液融解剤を吹きかけ、少し時間をおいてから拭き取りましょう。

内の換気（窓の開放）を行います。

オゾン消毒装置には換気機能があります。吸気した空気を内部の紫外線で消毒し、排気するといった機能もあります。車窓を開けられない場合には効果があるかもしれません。

アルコール消毒後、次亜塩素酸ナトリウム（バケツ１杯（10L）の水に衣料用のハイター®・ブリーチ、ピューラックス®なら100mLを入れる。）を付けたモップ（先ほどとは別のモップを使用します。）で拭き上げます。モップは一方向に移動させましょう。引き返すと、せっかく消毒した床が汚染されてしまいます。また、次亜塩素酸ナトリウムを使うときはドアを開放して必ず換気しましょう。

エ　空間の消毒、搬送中の排気

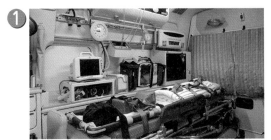

感染症の中で一番怖いのが、目に見えない菌やウイルスの浮遊です。

インフルエンザの場合はモップを用いて傷病者のいた場所から１ｍ以内を次亜塩素酸ナトリウムで拭きます。

結核の場合は、車内搬入時から積極的に車

> **Point**
> ・各所属によって、出動件数が異なります。連続出動の多い救急隊は、P.64〜69に記載してある中から事案に応じて積載薬品を使用して消毒作業を行いましょう。
> ・感染症は目に見えません。感染症の疑いがあり、車内の汚染状態がひどい場合は、出動不可として確実に清掃する判断も大切です。

第6章

個人での感染防止策

1 標準予防策

(1) 概 要[*1]

ア 対 象

全ての患者に適応され、病原微生物の感染源と確認の有無にこだわらず、血液、全ての体液、汗を除く分泌物、排泄物、傷のある皮膚、そして粘膜に適応します。

イ 方 法

(ア) 手洗い

手洗いは、予防策の基本です。通常、次のようなときに普通の石鹸を使って行います。

・　感染源となりうるものに触れた後
・　手袋を外した後
・　次の患者に接するとき

手洗い

(イ) 手 袋

感染源となりうるものに触れるときや傷病者の粘膜や傷のある皮膚に触れるときは、清潔な手袋を着用します。使用後又は非汚染物やほかの傷病者に触れるときは、手袋を外して手洗いをします。

手袋

(ウ) マスク・ゴーグル

体液や体の物質等が飛び散り、目・鼻・口を汚染するおそれのある場合に着用します。

マスク・ゴーグル

㊤　ガウン

衣服が汚染されるおそれのある場合に着用します。汚染されたガウンはすぐに脱ぎ、廃棄します。手洗いも忘れないこと。

ガウン

㊥　器　具

汚染した器具は、粘膜・衣服・環境を汚染しないように操作します。再使用するものは、清潔であることを確認します。

器具

㊦　リネン

汚染されたリネン類は、粘膜・衣服・ほかの傷病者・環境を汚染しないように操作し、適切に移送・処理します。

汚染されたリネンは適切に処理すること。

解説

＊1　概　要

平成26年10月28日消防救第182号別添から抜粋

2 通常の現場での予防策

マスク、手袋など使い慣れたものを正しく、効果のあるように装着すれば感染防止は果たされます。しかし、この「正しく」「効果のある」装着ができていなければ、感染防止策を講じていないことと同じになってしまうのです。

マ ス ク…顔面に密着させるようにし、マスクと顔の間に隙間を作らない。

ゴーグル…汚染物の飛散などが予想される場合にはあらかじ
　　　　め装着しておく。汚染された手袋で装着するので
　　　　は遅い。

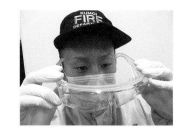

手　　袋…破れやすいため、汚染の可能性があるものに触れ
　　　　る際は二重に装着するなどの措置をとる。

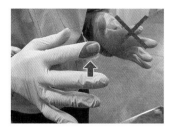

ガ ウ ン…袖口などに露出が生じやすいので注意する。

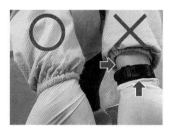

3　感染症疑いの場合の予防策

　感染症疑いの傷病者の場合は、②の予防策に加えて、さらに防御性能の高い資機材を装備す
る必要があります。

マ ス ク…N95マスク、防塵マスクなど、透過性の低いもの
　　　　を使用する。

ゴーグル…菌の飛散が激しくなることが予想される場合は、
　　　　ヘルメットのシールドなども併用したほうがよい。

手　　　袋…厚手のゴム手袋や革手袋の使用を考慮する。また、交換用の手袋を必ず携行しておくこと。

ガ　ウ　ン…汚染が激しくなることが予想される場合は、交換用のガウンを準備すること。また、陽圧防護服の使用を考慮する。

4 感染源の管理

感染拡大を防ぐために、感染源は適切に処理・管理しましょう。

　感染症疑いの傷病者に接触した場合は、傷病者の露出している部分には感染源が付着しているものとして取り扱います。

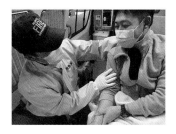

　使用済みの使い捨ての資機材は、密閉のうえ適正に処理します。

　再使用する資機材も消毒・滅菌作業を行うまでは隔離措置を講じておきます。

　嘔吐・排泄物の付着した資機材は見える範囲で清拭するなどの拡散防止を行います。

　消毒・滅菌までは隔離措置をとります。

　注射器は、針の先端部分が露出しないようダストボックスなどを使用し保管します。

5 手洗いの方法

(1) これで完璧！　手洗いマニュアル

この汚れてしまった手を洗います（必ずしも汚れが目に見えるものとは限りません。）。

まずは流水で予洗いをします。

洗浄剤をつけます。

手のひら、指の間を洗います。

手のひらを使って爪の間を洗います。

手首まできちんと洗いましょう。

洗浄剤を洗い流します。

　ペーパータオルでしっかりと水分を拭き取ります（水分が残っていると、消毒薬が希釈されてしまいます。）。

⑨

　きれいになりましたが、これで終わりではありません。

⑩

　自分の身体にあった消毒薬を選んでつけます。

⑪
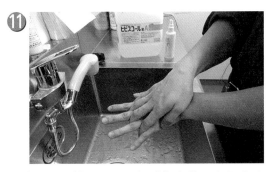

　手洗い同様、しっかり手指全体になじませます。

⑫

　完璧です。

（2）　見逃しがちな汚れ編

❶

爪の隙間に汚れは残っていませんか？

❷

指の側部に汚れは残っていませんか？

❸

親指の付け根に汚れは残っていませんか？

❹

指のしわに汚れは残っていませんか？

6 個人の感染防止衣

洗浄や消毒以前に自分の身は自分で守る必要があります。感染防止衣の正しい装着方法を確認しましょう。ポイントは「隙間をなくす」ことです。

(1) 全 身

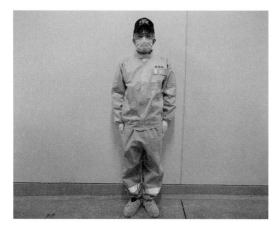

基本的なディスポーザブルタイプ（使い捨て）の感染防止衣です。

(2) 上 衣

上衣・下衣共に、感染防止と衣服汚染や劣化を防ぐ役割があります。

(3) 下 衣

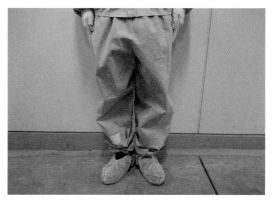

下衣も上衣と同じくしっかりと衣服汚染防止をします。

(4) 足 元

シューズカバーは、靴下や靴の汚染を防ぐために重要です。足元もしっかりと汚染防止をします。

(5) 頭・顔

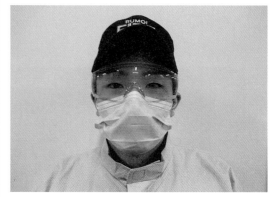

ゴーグル、マスクを着用します。所属の

ルールがあれば帽子の代わりにヘルメットをかぶります。

　ゴーグルは、感染防止以外にも飛散物から目を守る効果があります。

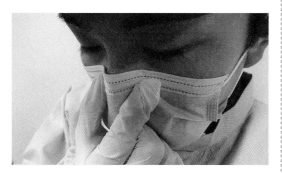

　マスクは、鼻の部分をしっかり押さえて隙間をなくします。

(6)　手　元

　手袋の素材は、ニトリルやラテックスなどの種類があります。手首までしっかり覆います。

(7)　その他

　寒冷地は、冬期の防寒対策も大切です。

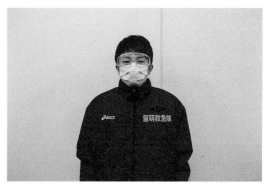

　海岸沿いの地域では、強風で帽子が飛ばされることが多く、未着用の場合もあります。

　長靴を着用する人もいますが、履きにくいという欠点があります。

(8)　悪い例

　よくマスクの上から鼻を出している人がいますが、これではマスクを付けている意味がありません。

　時計を見る機会があることから、手首に隙間が開きがちです。

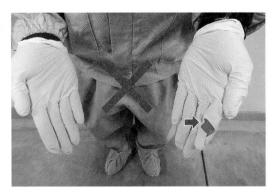

　穴の空いている手袋は付ける意味がありません。どんなに小さな穴でも「このぐらい大丈夫」は絶対禁止。

(9)　N95マスクの付け方

❶ ゴムを引っ張り広げます。

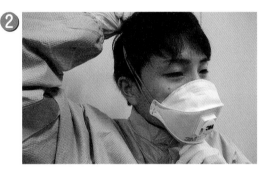

❷ 顎をしっかり合わせてゴムを掛けます。

❸ 鼻部分は指で押さえて隙間をなくします。

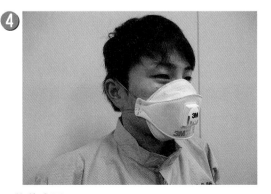

❹ 装着完了。

第7章

消防組織としての感染症対策

1 消防の初動がパンデミックを左右する

　救急・救助活動を行うということは傷病者と接触することであるため、活動は常に感染症のリスクと隣り合わせとなります。感染を防止することは、隊員自身の罹患を防止することはもちろん、パンデミック（重症感染症の爆発的拡大）を引き起こさないための重要な砦ともいえます。傷病者に接触した隊員は医療機関へ患者を搬送し、自隊の所属署所へと戻り、また次の傷病者の元に出動する、という流れから感染症拡大の媒介になる可能性が最も高いのは隊員自身であることを再認識し、さらには感染症患者の管理、搬送に関する正しい知識を備えておくことが必要となります。

　また、感染症対策は病原体の種類によって対応が異なるので、対策立案には正確で迅速な情報収集・伝達が欠かせません。つまり、消防の初動がパンデミック終息までの全体の対応を大きく左右することになるのです。

2 感染症の存在を「疑う」ことが感染症を未然に防ぐ

　救急隊が行う救命処置の範囲は徐々に拡大しており、気管挿管をはじめとする気道確保や静脈路確保、さらには心停止前傷病者への輸液など、従前は医療機関で行われた処置が現場や救急車内で可能になってきました。これは傷病者との接触深度が高まっているとともに、接触頻度も多くなっているということであり、実施する処置の変化とともにリスクも拡大していることを忘れてはなりません。

　感染症に対しては国が法で対応方法を定めています。法の中では感染症患者が発生した場合、医師から都道府県への報告義務が定められており、これは関係機関で情報を共有することで感染症の更なる拡大を未然に防ぐのが目的です。しかし、医師から搬送を実施した消防機関への通報義務はありません。これは、基本的に感染症患者の移送は都道府県の業務であり、法令は確定診断を行った後の対応を定めていることによります。

　消防が傷病者の診断を行うことはできません。そして、検査や診察には時間がかかります。覚知から搬送、医療機関への引継ぎまでは、自らの感染症に対する知識をもとに、感染症の存在を「疑う」ことによって予防策を講じ、ときにはオーバートリアージをして消毒・滅菌作業を行うことが、感染症を未然に防ぐ何よりの方法です。

3　感染症を防ぐ手段は「予防」と「業務後の対応」の二本柱である

(1)　覚知、出動時の対応

ア　情報聴取（患者、周辺環境）

通報段階で可能な限り多くの情報を入手することが予防対策の第一歩となります。情報の量のみでなく、「感染症にリンクするキーワード」の聴取が重要です。

「感染症にリンクするキーワード」の聴取が重要

＜具体例＞

・　既往・病歴から病名そのものを聴取する。

・　海外への渡航歴

・　摂食状況

・　周辺環境（感染症患者との接触の有無、医療機関への出入り）

・　症状（発熱、嘔吐、下痢、吐血、喀血、下血、喘鳴、呼吸不全など）

イ　感染防御策

通報で得た情報をもとに感染防御策を講じます。この際、必要であればN95マスクやゴーグル、厚手のゴム手袋などを追加することも考慮します。

通報で得た情報をもとに感染防御策を講じる。

ウ　出動体制

現場の状況や搬送に係る措置（遮蔽、関係物品の密閉、入室制限など）に人的・物的な不利が生じないよう、使用する資機材の確認を行います。必要であれば普段は積載していないような物品（ビニール袋、ビニールテープ、密閉可能な容器）の携行も考慮します。

複数隊での活動や現場への入室制限等を行う場合は、指揮隊・消防隊等の応援出動も考慮した方がよいでしょう。

必要であれば普段は積載していないような物品の携行も考慮する。

エ　関係機関への情報伝達

通報、接触時に感染症が強く疑われる場合には、関係機関（搬送先医療機関、保健所）へ事前連絡しておくことが望まれます。情報伝達の遅れは対応が後手に回る最大の原因となります。多少オーバートリアージ気味でも第一報を行うことが大切なのです。

通報時に感染症が強く疑われる場合には、関係機関（搬送先医療機関、保健所）へ事前連絡しておくことが望まれる。

(2)　傷病者接触後

症状発生直後で診断前の傷病者に接触することは、感染症罹患及び拡大の最も大きなリスクであるといえます。傷病者に接触した際に感染症を疑った場合は、症状、観察で得た状況について情報を隊員と共有するとともに指令員へ伝えます。また、隊長は傷病者の容態に応じて、搬送と感染防止措置のどちらを優先すべきか判断します。救急隊として搬送可能な傷病者であれば簡易な措置で早期搬送となりますが、明らかな重度感染症を現場で覚知した場合には、搬送より先に拡大防止の措置を講じる必要があります。

万が一、自隊の隊員が感染した可能性のある場合も、早期に搬送先医療機関を含む関係機関に連絡することを忘れてはなりません。感染が疑われる隊員は、拡大を防ぐ意味でも感染症を罹患している傷病者と同様に扱います。

症状発生直後の傷病者に接触することは、感染症罹患及び拡大の最も大きなリスクといえる。

接触した際に感染症を疑った場合は、症状、観察で得た状況について情報を隊員と共有する。

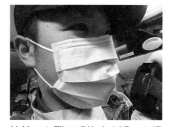

接触した際に感染症を疑った場合は、状況を指令員へ伝える。

(3)　処置、搬送時の対応

ア　接触時、処置実施時の注意点

傷病者の体液、血液、排泄物などはもちろん、呼気にも感染源が含まれている可能性があります。接触時、処置実施時は、確実に手袋を装着して直接接触しないことと、マスクやゴーグルは顔に十分密着させての活動が大原則となります。また、処置に使用した資機材は感染源が付着している可能性が最も高い部分です。使用後の密閉・隔離措置

接触時、処置実施時には、確実に手袋を装着して直接接触しないこと。

は慎重に行いましょう。

イ　搬送時の注意点

　救急車という特殊な環境の中では、汚染された資機材の移動や曝露が不意に起こる可能性があるので、感染源の管理に注意します。飛沫感染の可能性がある（インフルエンザ等）場合は傷病者にサージカルマスクを着用させ、空気感染の可能性がある（結核等）の場合は窓を開けて車内の空気を外に出すなどの処置が必要です。

飛沫感染の可能性がある場合は、傷病者にサージカルマスクを着用させる。

空気感染の可能性がある場合は、救急車の窓を開けて搬送する。

ウ　汚染発生時の対応

　救急車内での嘔吐や出血に対しては、直接接触しない措置をとったうえで感染源の除去・隔離を行います。時間的な余裕がある場合は、汚染された床や資機材をアルコールで清拭します。

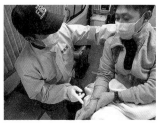

出血や吐物、便は直接触ってはいけない。

汚染された床や資機材をアルコールで清拭する。

エ　受入態勢の確認

　搬送先医療機関へは、通報内容、現場状況、搬送中の状況を含め、「感染症の疑いがある患者である」旨を確実に伝えます。医療機関の受入準備が整っていない場合は車内で待機しなくてはなりません。傷病者はもちろん、隊員自身も感染媒体となる可能性があるため、不用意にいろいろな物品に触れないようにします。

搬送先医療機関へは「感染症の疑いがある患者である」旨を確実に伝えること。

傷病者も隊員も不用意にいろいろな物品に触れないこと。

オ　医療機関への引継ぎ

　資機材や傷病者の身体で感染源の付着や汚染が考えられるもの、部分を正確に引き継ぎます。吐物や排泄物などの所在、車内での管理方法も必要な情報となるので併せて伝達します。

　感染源の付着した物品については不用意に医療機関内に持ち込まず、処理や保管方法について確認を行ってから搬入しましょう。

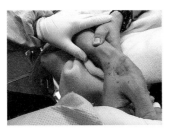
資機材や傷病者の身体で感染源の付着や汚染が考えられるもの・部分を正確に引き継ぐ。

感染源の付着した物品については処理や保管方法について確認を行ってから搬入する。

⑷　帰署後

　出動していない隊員への感染拡大がないよう、汚染に関する情報を共有します。隊員、資機材、車内が汚染されている場合は、帰署後、速やかに消毒・滅菌作業を行えるように、待機者へ連絡して作業準備をしてもらいます。また、高度な汚染が考えられるときは、帰署後の作業も出動隊員のみで行う場合があります。

待機者へ連絡し消毒作業準備を依頼する。この時に何の感染症かを伝えて適切な消毒準備をしてもらうことが大切。

高度な汚染が考えられるときは、帰署後の作業も出動隊員のみで行う場合がある。感染防御にふさわしい服装をすること。

4 隊員が感染症にかかったら

　隊員が感染症にかかった場合、消防組織としてどのような対処をするか、あらかじめ決めておきましょう。

(1) 法定感染症

　1類から5類までの感染症（P.87）は、法律で対処方法が決まっているのでそれに従います。治癒まで出勤停止となります。

(2) その他の感染症

　学校感染症[*1]を参考に病欠期間を決めておくとよいでしょう。その際に、医師の診断書の要否も所属で決めておきます。筆者（医師）の経験では、治癒まで1週間程度の感染症（インフルエンザなど）であれば診断書の要求は少なく、感染性胃腸炎で体力の消耗が激しく1週間以上の休養が必要になる場合は診断書を発行することが多くありました。

解説

＊1　学校感染症

　学校保健安全法施行規則（昭和33年文部省令第18号）第18条に定められた「学校において予防すべき感染症」の通称。1種から3種までに分類されている。1種はエボラ出血熱、SARS、鳥インフルエンザ等の重篤なものが含まれ、出席停止期間は治癒するまでとされている（P.90）。

第8章

資　料

⑴　主な感染症の類別

類　別	主な感染症の名称
1類感染症	エボラ出血熱 クリミア・コンゴ出血熱 痘そう 南米出血熱 ペスト マールブルグ病 ラッサ熱
2類感染症	急性灰白髄炎（ポリオ） 結核 ジフテリア 重症急性呼吸器症候群（SARS） 中東呼吸器症候群（MERS） 鳥インフルエンザ（H5N1、H7N9）
3類感染症	コレラ 細菌性赤痢 腸管出血性大腸菌感染症 腸チフス パラチフス
4類感染症 （主なもの）	E型肝炎 A型肝炎 エキノコックス症 Q熱 狂犬病 重症熱性血小板減少症候群（SFTS） 腎症候群出血熱 炭疽 デング熱 日本脳炎 ボツリヌス症 マラリア レジオネラ症

5類感染症 （主なもの）	インフルエンザ（鳥インフルエンザ及び新型インフルエンザ等を除く。） ウイルス性肝炎 急性脳炎 クロイツフェルト・ヤコブ病 劇症型溶血性レンサ球菌感染症 後天性免疫不全症候群（AIDS） 水痘 破傷風 風しん 麻しん 新型コロナウイルス感染症（病原体がベータコロナウイルス属のコロナウイルス（令和2年1月に、中華人民共和国から世界保健機関に対して、人に伝染する能力を有することが新たに報告されたものに限る。）であるものに限る。）
新型インフルエンザ 等感染症	新型インフルエンザ 再興型インフルエンザ 新型コロナウイルス感染症 再興型コロナウイルス感染症

⑵　感染症の予防及び感染症の患者に対する医療に関する法律の内容（抜粋）

第4条	国民の責務	
第5条	医師等の責務	
第5条の2	獣医師等の責務	
第12条	医師の届出 ⑴　1類感染症の患者 ⑵　2〜4類感染症の患者又は2〜4類感染症の無症状病原体保有者 ⑶　規則第4条第4項で定める5類感染症又は新型インフルエンザ等感染症の患者 ⑷　新感染症にかかっていると疑われる者	直ちにその者の氏名、年齢、性別その他規則第4条第1項で定める事項を最寄りの保健所長を経由して都道府県知事等に届け出なければならない。
	○　規則第4条第5項で定める5類感染症の患者（規則第4条第6項で定める5類感染症の無症状病原体保有者を含む。）	7日以内にその者の年齢、性別その他規則第4条第7項で定める事項を最寄りの保健所長を経由して都道府県知事等に届け出なければならない。
第27条	感染症の病原体に汚染された場所の消毒	

規則…感染症の予防及び感染症の患者に対する医療に関する法律施行規則

(3) 感染経路別感染予防策

類型	疾　　患	感染経路	感染源	予防策
1類	ウイルス性出血熱	飛沫 体液 接触	血液 尿 喀痰 吐物 排泄物	接触感染予防策 （飛沫感染予防策）
	重症急性呼吸器症候群 （病原体がSARSコロナウ イルスであるものに限る）	飛沫 接触	喀痰 唾液 糞便　など	飛沫感染予防策 接触感染予防策
	痘そう （天然痘）	空気 飛沫 接触	唾液 喀痰 排泄物 水疱	飛沫感染予防策 接触感染予防策
	肺ペスト	飛沫による気道	喀痰・咳嗽による エアロゾル	飛沫感染予防策
	腺ペスト		膿	標準予防策
2類	ポリオ	経口	便	接触感染予防策 飛沫感染予防策
	細菌性赤痢	経口	便	接触感染予防策
	コレラ	経口	便	接触感染予防策
	腸チフス パラチフス	経口	便 尿	接触感染予防策
	喉頭ジフテリア	飛沫による気道	喀痰・咳嗽による エアロゾル	飛沫感染予防策
	皮膚ジフテリア		偽膜	標準予防策
3類	腸管出血性大腸炎	経口	便	接触感染予防策
参考	肺結核 喉頭結核	気道	飛沫核	空気感染予防策

※平成26年10月28日消防救第182号別添「感染症の患者の移送の手引き」から抜粋

(4)　成人も罹患する可能性のある学校感染症

分類	病　　名	出席停止	症　　　状	主な感染経路	潜伏期間	感染可能期間	好発時期	備　　考
2種	インフルエンザ	発症後5日を経過し、かつ、解熱後2日を経過するまで	発熱、頭痛、関節痛、感冒様症状	飛沫	1～3日	発症後3～4日	12～3月	予防接種により病悩期間を1日減らすことができる。
2種	はしか（麻しん）	解熱後3日を経過するまで	発熱、せき、鼻水、結膜充血、口腔内に白斑、発熱後4日目から皮膚に発疹	飛沫	10～12日	発疹の出る5日前から出た後4日まで	冬から春	小児期に予防接種していない人がかかる。
2種	おたふくかぜ（流行性耳下腺炎）	腫れが発現して5日を経過し、かつ、全身状態が良好になるまで	37～38℃の発熱、耳の後ろの腫れ。症例により顎下腺炎・睾丸炎も併発。	飛沫	1～2週間	発病7日前から発病後9日	冬から春	予防接種は任意
2種	三日はしか（風しん）	発疹が消失するまで	発熱、耳の後ろの腫れ。妊娠初期の妊婦がかかると胎児に先天異常のおそれ	飛沫	2～3週間	発疹の出る1日前から出た後の7日目	春から夏	ワクチンが不十分だった平成2年4月1日以前に生まれた人がかかる可能性が高い。
2種	結核	医師の許可があるまで	初期は自覚症状なし。発症すればせき、微熱、せき、たん	空気	小児期に感染し（無症状）数十年後に発症することが多い。		なし	無症状期にレントゲン検査で発見されることが多い。
3種	流行性角結膜炎	医師の許可があるまで	目の異物感、目やに、流涙、充血	介達	5～7日	発症後2～3週	春から夏	感染力が強いので注意
3種	腸管出血性大腸菌感染症（O-157）	医師の許可があるまで	腹痛、水様性下痢、重症で腎不全	経口	3～8日			感染しても無症状の人もいる。
3種	マイコプラズマ感染症	医師の許可があるまで	発熱、激しい空せき、喉の痛み	飛沫	2～3週間	症状のある間		4年ごとに流行するのでオリンピック病といわれる。
3種	ノロウイルス感染症	医師の許可があるまで	腹痛、激しい下痢と嘔吐	経口・飛沫	1～3日	症状のある間	冬	嘔吐物や便に強い感染力がある。
3種	サルモネラ・カンピロバクター感染症	医師の許可があるまで	下痢、血便、嘔吐、発熱	経口	サルモネラは12～36時間カンピロバクターは2～5日	症状が消失しても菌の排出は長く続く		家畜やペットが保菌。

執筆者紹介

著　者　玉川　進（たまかわ　すすむ）

所属：独立行政法人国立病院機構　旭川医療センター臨床検査部長

資格：医師　医学博士

出身：北海道中川郡美深町

協　力　山内　正彦（やまうち　まさひこ）

所属：留萌消防組合消防本部　総務課庶務係長

資格：救急科

出身：北海道留萌市

　本書を一緒に作ろうと声を掛けていただいたとき、脳内に「？？？」が充満しました。外傷とか症例なら読んでもらえそうな気がするけど……消毒って……というのが私の正直な感想でした。しかし、調べてみると実は知らないことだらけなうえに、ためになる知識のオンパレードだったのです（私だけ？）。今回の出版に携わったことにより、また一つ知識の引き出しを増やすことができました。

　この本を手に取ってくださった方々が自信と根拠を持って「消毒」や「感染症対策」に当たっていただき、円滑な消防業務に寄与できれば幸いです。

　また、今回このような機会を与えてくださった、玉川先生並びに中路消防長をはじめとする職場の上司、仲間たちにこの場を借りて感謝申し上げます。

協　力　青木　信也（あおき　しんや）

所属：留萌消防組合留萌消防署　消防課庶務係主任

資格：救急救命士

出身：北海道苫前郡苫前町

　「消毒」という分野は、知っているようで知らない、若しくは慣例で代々受け継がれてきた方法で行っているなど、深く知り得ていない職員もいると思います。私もその一人でした。今回、本書に携わり、消毒に対する「なぜ」が解決し、自信をもって傷病者と接触できるようになりました。ただし、方法を知り得ても継続し徹底しなければ効果はありません。皆様にも同じように疑問が晴れ、新しい消毒方法の確立の助力となれば幸いです。

協　力　網谷　早翔（あみや　はやと）

所属：留萌消防組合消防本部　総務課庶務係主任
資格：救急科
出身：北海道留萌市

　消防業務を行ううえで、活動に関する訓練や知識、技術の習得には全国の消防本部において時間をかけて研鑽（けんさん）を行っていることと思います。しかし、活動後のアフターケアにスポットを当てた参考書は少なく、なかなか手に取って眺める機会は少ないのが現状です。本書の出版に携わって改めて感染症や消毒、滅菌について調べてみると、「活動終了時の処理やメンテナンス」が、実は「次の活動の第一歩目である」ことを学ばせていただきました。

　様々な感染症が発生、拡大し、新種のウイルスの対応に追われる救急医療関係者の皆様にとって、本書が業務遂行と安全管理の一助となれば光栄です。

写真協力（五十音順）

花王株式会社

健栄製薬株式会社

ゴージョージャパン株式会社

サクラ精機株式会社

大日本住友製薬株式会社

日本船舶薬品株式会社

ミツエイ株式会社

イラスト協力

斉藤　匡哉（さいとう　まさや）
数馬　佳乃（かずま　よしの）

写真協力

斉藤　匡哉（さいとう　まさや）
石塚　優太（いしづか　ゆうた）
長浜　尚輝（ながはま　なおき）
阿部　康平（あべ　こうへい）
長谷川　将司（はせがわ　まさし）
数馬　佳乃（かずま　よしの）

（いずれも、留萌消防組合留萌消防署所属です。）

消防職員のための
消毒・滅菌・感染症対策マニュアル

平成30年 6 月 1 日　初 版 発 行
令和 5 年12月15日　初版 4 刷発行

編　著／玉　川　　　進

発行者／星　沢　卓　也

発行所／東京法令出版株式会社

112-0002	東京都文京区小石川 5 丁目17番 3 号	03(5803)3304
534-0024	大阪市都島区東野田町 1 丁目17番12号	06(6355)5226
062-0902	札幌市豊平区豊平 2 条 5 丁目 1 番27号	011(822)8811
980-0012	仙台市青葉区錦町 1 丁目 1 番10号	022(216)5871
460-0003	名古屋市中区錦 1 丁目 6 番34号	052(218)5552
730-0005	広島市中区西白島町 11 番 9 号	082(212)0888
810-0011	福岡市中央区高砂 2 丁目13番22号	092(533)1588
380-8688	長 野 市 南 千 歳 町 1005 番 地	

[営業] TEL 026(224)5411　FAX 026(224)5419
[編集] TEL 026(224)5412　FAX 026(224)5439
https://www.tokyo-horei.co.jp/

　ISBN978-4-8090-2536-5